HELENA RICHIER

Deine innere KRIEGERIN

Grenzen setzen, Nein sagen und innere Stärke entfalten

Wie du deinen kämpferischen Archetyp erweckst, um selbstbestimmt und mit mehr Mut zu leben

Druck: Amazon Deutschland oder Partner

Umweltschutz: Der Druck erfolgt in chlorfreier Tinte und das säurefreie Papier für den Innenteil des Buches wird von einem Anbieter mit Forest Stewardship Council-Zertifizierung bezogen. Alle Abfälle, die beim Drucken entstehen, werden ordentlich recycelt und verwertet. Der Druck dieses Buches wird über ein Print-on-Demand-Verfahren abgewickelt. So werden nur Bücher angefertigt, die auch benötigt werden. Dies spart Ressourcen und schont die Umwelt.

Inhaltsverzeichnis

1
Einleitung

Ab dem Zeitpunkt, wenn du das Licht der Welt erblickst, beginnst du damit, die Welt um dich herum verstehen zu wollen. Du erkundest sie mit deinen Sinnen, lernst von deiner Familie, Freunden und Lehrern und machst Erfahrungen, die unterstreichen wollen, dass du in einer dreidimensionalen Welt lebst. Mehr und mehr hast du das Gefühl, du selbst und die Welt sei mit dem Geist erfassbar. Mit der Zeit tauchen jedoch Ungereimtheiten auf, die sich mit rationalen Erklärungen nicht decken. Da ist dieses Wissen und die Suche danach, dass es noch mehr geben muss, um das Leben auf diesem Planeten verstehen zu können. Da melden sich plötzlich Emotionen, die nicht begründbar sind. Sehnsüchte tauchen auf, nach mehr Fülle und Liebe im Leben. Fragen werden immer lauter, nach dem „Woher?“, „Warum?“ und „Wohin?“. Das eigene Unterbewusstsein meldet sich und zeigt auf, dass dorthin so einiges verdrängt wurde, programmierte Muster „auf Autopilot“ ablaufen und Erinnerungen wieder wach werden. Wenn du diese Vorgänge bei dir beobachtest, bist du auf dem Weg, dich immer mehr als ein multidimensionales Wesen zu erkennen und auch die Welt in ihrer Multidimensionalität zu verstehen. Der rational denkende Geist tritt zurück und das Fühlen tritt an seine Stelle. Dann spürst du, dass du so viel mehr bist als das, was deine Augen im Spiegel sehen, deine Hände berühren können und dir andere über dich erzählt haben. Du trittst immer mehr ein in deine innere Welt und findest dort viele verschiedene Aspekte deines Selbst. Dann verlässt du die dreidimensionale Welt und entdeckst höhere Dimensionen, die in deinem Leben ebenfalls wahrgenommen werden möchten. Deine inneren Anteile melden sich, wollen mit dir kommunizieren und ausgelebt werden. Sie sind deine Helfer und warten nur darauf, dich in dein volles Potential bringen zu können.

Wo vorher die Dunkelheit herrschte, weil diese innere Welt unentdeckt war, kannst du jetzt bewusst das Licht deines Herzens erstrahlen lassen und dich mit deinen Seelenkräften, den Archetypen verbinden. Ein Archetyp möchte sich in dieser aktuellen Zeit besonders intensiv zeigen, da es an der Zeit ist, diesen Anteil mehr und mehr in der Welt zu leben: Deine innere Kriegerin.

Das übergeordnete Ziel der inneren Kriegerin ist es, das Leben zu erhalten. Dafür setzt sie all ihre Stärke und Liebe ein. Doch viele Frauen haben ihre innere Kriegerin verdrängt. Andere konnten ihre verwundete innere Kriegerin noch nicht heilen. All das sind die Auswirkungen von Jahrtausenden, in denen Frauen, vor allem als „gefährlich" eingestufte Frauen, unterdrückt und misshandelt wurden. Doch die innere Kriegerin wird wieder gebraucht in dieser Welt, um sich für das Gute aktiv einzusetzen und sich aus dem Trauma der Unterdrückung und Verletzung zu befreien.

Dieses Buch möchte dir deine innere Kriegerin wieder näherbringen, sodass du mit ihr in Kontakt kommen und sie wahrhaftig ausleben kannst. Zunächst wirst du erfahren, was es mit deinen inneren Anteilen auf sich hat und was Archetypen, wie die innere Kriegerin, eigentlich sind. Anschließend wirst du entdecken, wie du mit deiner inneren Kriegerin in Kontakt kommst, ihre Botschaften verstehen und ihr euch gegenseitig helfen könnt. Dann ist es an der Zeit, die Stärke deiner inneren Kriegerin Schritt für Schritt zu erwecken und ihr in deinem Alltag angemessen Ausdruck zu verleihen. Du wirst lernen, wie du deine „kriegerischen Fähigkeiten" kultivieren und ausbauen kannst, um einen Unterschied in deinem Leben, in dieser Welt machen zu können. Verschiedene Übungen wollen dir vermitteln, wie du die Energie deiner inneren Kriegerin noch besser wahrnehmen kannst. Zum Abschluss des Buches zeigt sich, warum es so wichtig ist, dass du diesen Anteil in dir immer mehr lebst und in die Welt bringst.

Im Laufe des Buches wirst du erkennen, dass deine innere Kriegerin nicht in einem Krieg kämpft oder diesen gar entfachen möchte, sondern es ein bewusster Weg ist, zurück zu deiner Selbstbestimmtheit und Selbstwirksamkeit. Sie nimmt dich an die Hand und zeigt dir eine neue und authentische Möglichkeit auf, in deine weibliche Kraft, Führung und Bestimmung zu kommen.

2

Der Archetyp „innere Kriegerin“

„Krieg“ ist ein Wort, das in dir vielleicht eher negative Gefühle hervorrufen kann. Es ist verknüpft mit so viel Leid, das bereits auf dieser Erde geschehen musste. Zerstörung, Verletzung, Sieg oder Niederlage, „Krieg“ ist in jeder Hinsicht ein sehr intensives Wort, das mit vielen Erfahrungen, Emotionen und Bildern verwoben ist. Eine Person, die sich in einen Krieg begibt, ob freiwillig oder nicht, sieht sich einer sehr herausfordernden Aufgabe gegenüber, sieht dem Tod ins Auge. Kriegsschauplätze können dabei sehr unterschiedliche sein. Manche Kriege werden gar unsichtbar im Inneren ausgetragen, während andere eine offene Auseinandersetzung auf speziellen „Schlachtfeldern“ darstellen.

Der Anteil in dir, der in den Kampf zieht, ist die innere Kriegerin. Dieser dir innewohnende kämpferische Geist deines Unterbewusstseins wird auch als „Archetyp“ bezeichnet. In den nachfolgenden Kapiteln wird es zunächst darum gehen, diesen Archetyp deiner inneren Kriegerin erstmals in ihrer Rolle und Aufgabe kennenzulernen.

2.1 Was sind Archetypen?

Dein Lebensweg ist die Reise einer Heldin, welche mit zunehmenden Erfahrungen sich selbst immer mehr kennenlernt und an Stärke gewinnt, wenn sie sich mit den Anforderungen des Lebens bewusst auseinandersetzt. Archetypen stellen auf dieser Entwicklungsreise deine Lehrer dar, die dir in den unterschiedlichsten Etappen zur Seite stehen, da sie ein enormes Lernpotential in sich bergen, welches sie dir übermitteln wollen.

Archetypen sind uns wohl bekannt aus Märchen, der Kunst, zahlreichen Mythen und der Literatur. Es haben sich einige Typen im Laufe der Menschheitsgeschichte herauskristallisiert, da sie in unterschiedlichsten Kulturen zu finden sind. Sie stellen unterbewusste Anteile des Menschen dar, welche sich im Inneren und im Außen zeigen. Mit „im Inneren" ist gemeint, dass sie in Fantasien und Träumen auftauchen. Auch kann man ihnen bestimmte Verhaltensweisen und Handlungen zuordnen, die durch eine Person ausgeführt werden. „Im Außen" bedeutet es, dass diese Bilder auch außerhalb des Körpers Realität sind und dem Betrachter ein gewisses Bild vermitteln, wenn dieser Archetyp seine ganz persönliche Heldenreise begeht. Archetypen bedingen sich daher gegenseitig, da innere Bilder äußere entstehen lassen und umgekehrt äußere Darstellungen die innere Vorstellung prägen. Archetypen können sich bei jedem Menschen oder in verschiedenen Kulturen anders darstellen, obwohl sie einem gemeinsamen Begriff, wie z. B. Lehrer, unterliegen.

Ursprünglich stammt die Bezeichnung „Archetyp" aus dem Griechischen und bedeutet „ursprünglicher Abdruck". Der Psychiater

Carl Gustav Jung beschäftigte sich seinerzeit besonders mit diesen Grundprägungen, jenen Urbildern des Menschen, und fand durch seine Arbeit mit der menschlichen Psyche heraus, dass jeder Mensch sie in sich trägt. Er konnte durch seine Forschung erkennen, dass diese Archetypen einem kollektiven Unterbewusstsein entspringen müssen, da er sie bei Menschen unterschiedlichster Kultur und Abstammung erkennen konnte.

Diese verschiedenen Persönlichkeitsanteile, welche in der Psychologie auch „archetypische Muster“ genannt werden, bergen unterschiedliche Sehnsüchte und Potentiale in sich, die darauf warten, gelebt zu werden. Daher kann es vorkommen, dass gerade Menschen, welche die Kraft eines bestimmten Archetypens verkörpern, eine besondere Anziehungskraft darstellen, weil sich der eigene Anteil davon angesprochen und inspiriert fühlt. Das ist auch der Grund, warum z. B. in Filmen und Romanen mit den archetypischen Persönlichkeiten gearbeitet wird, weil sie eine Verbindung mit dem Unterbewusstsein des Betrachters herstellen und Emotionen wachrütteln.

Wenn du in deine Vergangenheit zurückblickst, kannst du vielleicht sehr deutlich erkennen, zu welchen Aspekten einer Persönlichkeit du dich besonders hingezogen fühlst. Wer waren deine Vorbilder in der Kindheit? Mit welchen Personen in deinem Familien- und Freundeskreis fühlst du dich besonders verbunden? Was genau fasziniert dich an diesen Menschen oder Protagonisten einer Geschichte, eines Filmes? Die Antworten darauf könnten dir bereits erste Hinweise darauf geben, welche archetypischen Aspekte in deinem Leben integriert werden möchten. Sieh dir ihre Eigenschaften genau an und erkenne die

Zusammenhänge. Kannst du sehen, welche Heldenreise deine Idole genommen haben und dir vielleicht noch bevorsteht?

Archetypen im Außen können Menschen wahrlich dazu veranlassen, sich selbst auf den Weg der Transformation zu begeben. Daher wird es auch von Bedeutung sein, zu betrachten, welche Dinge diese Archetypen auf ihrem Weg gelernt haben, um ihre Ziele zu erreichen. Auf ihrer Heldenreise konnten sie Lösungen finden, um schwierige Situationen zu überwinden und sind dadurch gereift. Am Ende dieses Prozesses steht eine Persönlichkeit, welche neue Fähigkeiten sowie Fertigkeiten erlernte und verborgene Kräfte aktivierte. Beim Beobachten all ihrer Erfahrungen und durch das Verstehen ihrer Botschaften werden die inneren Archetypen erweckt. Dies geschah und geschieht in der Menschheitsgeschichte seit vielen Jahren, sodass die Energie der Archetypen immer mehr an Stärke gewinnt, umso öfter ihre Geschichten weitererzählt werden. Nicht selten kommt es vor, dass durch die Inspiration eines äußeren Archetyps die Sichtweise auf die Welt und das Leben gänzlich verändert werden. Ihre Weisheit geht in Resonanz mit den inneren Archetypen und regt zum Nachdenken an. Eine bewusstere und differenziertere Wahrnehmung und Betrachtungsweise stellen sich ein.

Archetypen regen also die eigene Transformation an, welche manchmal unbewusst geschieht. Auch können sich im Laufe des Lebens unterschiedliche Persönlichkeitstypen zeigen, die das Interesse wecken. Je nach aktueller Lebenssituation werden unterschiedliche Erfahrungen gemacht, welche einen entsprechenden

Lernprozess ankurbeln. „Hinterher ist man immer schlauer" heißt es in einem Sprichwort und deutet darauf hin, dass erst durch die Überwindung einer bestimmten Schwierigkeit ein gewisses Verständnis dafür entstanden ist. Ist das nicht der Fall, werden diese Archetypen im Außen weiterhin die innewohnende Sehnsucht triggern, bis dieser Anteil das Unterbewusstsein verlässt und bewusst gelebt wird.

Zusammenfassend kannst du Archetypen als deine inneren Ressourcen betrachten, welche unterschiedliche Talente und Fähigkeiten darstellen. Je nach Lebensthema können sie dich damit unterstützen, deine Heldenreise anzutreten und Schwierigkeiten zu überwinden, die gerade für dich anstehen. Wenn du die Geschenke der Archetypen erkennst und annimmst, machst du dich auf den Weg, dein Potential voll zu entfalten und transformiert aus den Herausforderungen hervorzutreten. All die Eigenschaften wie Neugierde, Mut, Freude, Lust auf Abenteuer, Schlauheit, Kämpfergeist, Leidenschaft etc. sind bereits in dir angelegt und treten zum jetzigen Zeitpunkt in unterschiedlicher Intensität hervor. Deine inneren Ressourcen dürfen immer mehr in dein Bewusstsein rücken und dich dabei unterstützen, dein Leben nach deinen Vorstellungen zu kreieren. Denn wenn du beginnst, gezielt mit deinen Archetypen und ihren Fähigkeiten zu arbeiten, wirst du dir selbst und anderen gegenüber mit mehr Klarheit, Souveränität und Mitgefühl auftreten können. Lernst du deine Archetypen kennen, lernst du dich selbst kennen und das ist letztendlich, was es bedeutet, auf einem spirituellen Weg zu sein, deine ganz eigene Spiritualität.

2.2 Der Archetyp Kriegerin stellt sich vor

Es ist ein Urinstinkt in jedem Menschen, sich gegen Ungerechtigkeiten und Angriffe zur Wehr zu setzen. Die antreibenden Emotionen hierfür können Wut, ja sogar Hass sein. In der Geschichte der Menschheit zeigten sich Kriegerinnen, die bereit waren, sogar ihr Leben dafür zu opfern, um die Gerechtigkeit wieder herzustellen. Sie spürten in ihrem Herzen diesen starken Drang, sich für ihre Wahrheit einzusetzen. An dieser Stelle wird jedoch auch klar, dass sich kriegerische Auseinandersetzungen der Vergangenheit sehr deutlich von heutigen „Kriegsschauplätzen" unterscheiden. Die Kriegerin entwickelte sich über die Jahrtausende und sie lernte dazu. Rache, Gewalt, Zerstörung haben oft nicht zum Ziel geführt, sondern eher das Gegenteil bewirkt. Aus der Geschichte der Kriegerinnen wird deutlich, dass in jeder von ihnen lichtvolle Aspekte, aber auch Schattenseiten existieren, welche man in der heutigen Zeit als Stärken oder Schwächen bezeichnen würde. Jede Kriegerin besitzt beide Pole, es liegt aber in ihrer Macht, zu entscheiden, welche sie davon lebt und wie sie es schafft, sie in Harmonie zu vereinen. Auch die innere Kriegerin befindet sich auf ihrer Heldenreise und erklimmt immer höhere Stufen in ihrer Entwicklung. Die Kampfstrategien mussten sich ändern, auch die Zielsetzungen durften hinterfragt werden.

Die folgende Darstellung möchte dir diese Aspekte der inneren Kriegerin veranschaulichen. Du kannst auch für dich selbst überlegen, welche Eigenschaften du in ihr siehst und wie du diese Tabelle noch ergänzen würdest.

Stärken	Schwächen
- Mut	- Angst
- Disziplin	- Schwäche
- Klarheit	- Ohnmacht
- Vision	- Hilflosigkeit
- Weisheit	- Starre
- Stärke	- Unfähigkeit
- Können	- Zerstreutheit
- Flexibilität	- Rachegelüste
- Fokus	- Machtstreben
- Willensstärke	- Fremdbestimmung
- Energie	- Manipulation
- Wahrheit	- Intrige
- Selbstreflexion	- Überheblichkeit
- Schutz	- Neid
- Unterstützung	- Konkurrenz
- Geschick	- Zerstörung
- Strategie	- Gier
- Hilfsbereitschaft	- Grausamkeit
- Verteidigung	- Egoismus
- Diplomatie	- Provokation
- Harmonie	- Verachtung
- Begeisterung	- Defensive
- Hingabe	- Wankelmütigkeit
- Bedingungslosigkeit	- Langeweile
- Sicherheit	- Kompensation
- Werte	- Ablenkung
- Bedürfnisse	- Rückzug
- Grenzen	- Unterdrückung

- Vertrauen	- Unterwürfigkeit
- Authentizität	- Oberflächlichkeit
- Wachsamkeit	- Streitsucht
- Enthusiasmus	- Ungeduld
- Loyalität	- Bevormundung
- Ehre	- Vereinnahmung
- Solidarität	

2.3 Kriegerinnen der Vergangenheit und Neuzeit

Doch die Zeiten haben sich geändert, sodass der Archetyp Kriegerin ebenfalls eine Wandlung erfahren hat. Während z. B. Jeanne d´Arc mit ihrem Heer blutige Schlachten führen musste, um Frankreich in die Freiheit zu führen, sind Kriegerinnen der heutigen Zeit, wie z. B. Greta Thunberg, vor allem darum bemüht, genau diese zu verhindern. Heutige Kämpfe richten sich gegen Armut, Terror, Umweltzerstörung, fehlende Bildung etc. und kämpfen mit den Waffen der Aufklärung, digitaler Vernetzung, Sinnstiftung sowie Vorbildfunktion. Die Kriegerinnen der Moderne setzen sich aktiv für den Frieden und die Gleichberechtigung ein, aber ohne die Gegner zu zerstören. Vielmehr versuchen sie, das Positive zu stärken und auf Missstände aufmerksam zu machen. Jene Kriegerinnen stellen sich vor die Armen, Unterdrückten, Gepeinigten und Verletzten. Vielen Frauen würde es widerstreben, anderen etwas anzutun, um einen Gewinn zu erzielen. Heute geht es um den Sieg für das Gute, für das, was man liebt und beschützen möchte, aber auf eine bewusstere Weise, die zwar von kriegerischer Kraft geprägt ist, jedoch durch ihre Diplomatie, Weisheit, Klarheit und Sanftheit überzeugt.

Eine gereifte Kriegerin zieht nicht ohne Grund in den Kampf. Es ist ihr ein starkes Bedürfnis, eine Veränderung in dieser Welt oder in ihrer persönlichen zu bewirken, indem sie sich für eine bestimmte Sache besonders einsetzt. Das „Warum" ist für sie die wichtigste Antriebskraft, um sich in Bewegung zu setzen und auch dranzubleiben. Die hohen Ideale, für die sie bereit ist zu kämpfen, erfordern auch ihre Integrität. Das bedeutet, dass sie ihre eigenen Prinzipien nicht verrät und versucht, immer das Beste dafür zu geben. Die Kriegerin möchte sich in dieser Welt behaupten und ihren Platz einnehmen. Dafür ist es natürlich wichtig, dass sie sehr klar weiß, was sie verändern möchte.

Die Kriegerin der Moderne setzt ihre lichtvollen Stärken dann für solche Veränderungen ein, wenn sie mit sich selbst im Reinen ist. Problematisch wird es, wenn sie ihre eigenen Wunden noch nicht heilen konnte und aus einem Status der Verletzung heraus agiert. Schattenseiten der inneren Kriegerin können für alle Beteiligten sehr unangenehm werden. Die innere Kriegerin ist von ihrer Urenergie her wild und ungestüm, ja kaum zu bändigen. Wird sie nicht gelenkt und ihre starke Energie in eine positive Richtung ausgerichtet, tritt das Zerstörerische ans Tageslicht. Wird sie unterdrückt, brodelt es noch mehr unter der Oberfläche und es reicht ein kleiner Reiz, der all ihre Wut zum entladen bringt. Wenn die innere Kriegerin nicht gelebt wird, hat sie kaum Schutz gegen Angriffe jeglicher Art.

Frauen aller Kulturen kämpfen bis zum heutigen Tag um ihre Gleichberechtigung und mussten in der Vergangenheit viel Schmerz der Unterdrückung und Verletzung erfahren. Es ist offensichtlich, dass das weibliche Geschlecht eine kollektive Wunde in sich trägt, die aus dieser Zeit entstanden ist. Die innere Kriegerin der heutigen Zeit ist daher dazu aufgefordert, sich diese Verletzungen genauer anzusehen und sie zu heilen. Tut sie es nicht, wird sie dem Männlichen, sei es als Geschlecht oder ihren eigenen männlichen Anteilen, mit ihren Schattenseiten entgegentreten und nicht in ihre volle Kraft gelangen können.

Die Kriegerin der Neuzeit darf sich auch immer mehr darüber bewusst werden, wofür sie ihre kämpferische Energie eigentlich einsetzt. Sie geht los für ihre Wünsche und Werte, setzt sich ihre Ziele. Doch woher kommen diese eigentlich? Die innere Kriegerin wird sich die Frage stellen müssen, ob es wirklich die eigenen sind, oder diese durch die Kultur, Familie, Lehrer etc. bestimmt wurden. Nur wenn es wirklich dem eigenen Herzen entspricht, werden alle Motivation und Stärke zur Verfügung stehen, sich auch auf lange Sicht für ein bestimmtes Vorhaben einzusetzen. Schleicht sich ein Unwohlsein ein, werden die eigenen Ziele infrage gestellt oder der Antrieb ist plötzlich weg, dann kann es sein, dass die Kriegerin sich ihrer authentischen Ziele noch nicht bewusst ist. Um mit Leib und Seele für eine Sache zu kämpfen, braucht die innere Kriegerin Klarheit darüber, was ihre Herzensmission eigentlich ist. Im Verlaufe dieses Buches kann sich diese Mission für dich immer deutlicher herauskristallisieren, sodass du ganz klar deinen eigenen Weg gehen kannst, mit deiner inneren Kriegerin an deiner Seite.

2.3 Die wichtige Rolle der Kriegerin als weiblicher Archetyp

Die Kriegerin hat die wichtige Rolle, sich selbst und andere zu beschützen. Grenzüberschreitungen finden dann statt, wenn die eigenen Bedürfnisse missachtet werden. Dies kann sehr bewusst, aber auch unbewusst, aufgrund von Unklarheit über diese Grenzen, geschehen. Um sich selbst zu schützen, haben viele Frauen gelernt, ihre eigenen Bedürfnisse zurückzustellen, vieles hinzunehmen und einfach zu ertragen. Die eigenen Grenzen wurden unsichtbar und Verletzungen konnten geschehen. Doch jedes Mal, wenn eine persönliche Grenze überschritten und missachtet wird, entsteht Wut, Ärger und Traurigkeit darüber, dass man die eigene Grenze nicht beschützt hat. All das sind auch Emotionen, die der Kriegerin das Feuer liefern, sich für die Gerechtigkeit einzusetzen.

Die Wut zu unterdrücken, wird vielen bereits in der Kindheit nahegelegt. Sie ist unpassend, zu laut, unkontrolliert und zerstörerisch. All das passt wenig in ein der Gesellschaft angepasstes Leben. Brach sie doch einmal hervor in all ihrem Zorn und ihrer Wildheit, waren Bestrafungen die Folge und führten zu Scham- und Schuldgefühlen. Als Kind ist die Verknüpfung schnell hergestellt, dass es nämlich nur dann dazugehört und geliebt wird, wenn es sich anpasst und lernt, die eigene Wut zu unterdrücken. Es entsteht eine Harmonie zwischen den Familienmitgliedern, welche aber nur zum Schein aufrechterhalten wird, damit der Haussegen nicht schief hängt. Doch ist das authentisch? Auf keinen Fall, denn Wut ist eine ganz natürliche Reaktion darauf, dass sich etwas nicht richtig, nicht gut anfühlt. Wird sie unterdrückt, verrät man sich selbst. Das Rollenspiel beginnt und je nach sozialer Situation findet man sich wieder als Täter, Opfer oder Retter.

Der Archetyp innere Kriegerin hat die wichtige Aufgabe, die eigenen Grenzen und die der anderen zu beschützen und zu verteidigen. Sie geht den Weg der Selbstliebe, da sie vollkommen authentisch und selbstsicher weiß, wo ihre Grenzen liegen. Auch achtet und akzeptiert sie die Bedürfnisse anderer, hilft ihnen sogar dabei, mehr für sich selbst einzustehen. Die Kriegerin setzt ihren Willen nicht mit aller Kraft und Macht um, sondern hat auch immer ihre Mitmenschen im Blick. Grenzen, die sich ihr im Außen zeigen, in Form von Hindernissen, Personen, herausfordernden Situationen, stimulieren ihre Wut. Doch die innere Kriegerin agiert bedacht, beobachtet ihre Emotionen und kennt sie ganz genau. Sie setzt die Wut nicht gegen die Blockade ein, sondern richtet den Blick nach innen, wo sie erkennt, dass sie sich selbst blockiert. Ein Hindernis wird als solches meist nur deswegen erkannt, weil es eine Projektion der inneren Welt auf die äußere ist.

Die Kriegerin übernimmt daher ihre volle Verantwortung und reflektiert ihre Werte und Bedürfnisse. Erst dadurch weiß sie, welche Grenzen sie sich selbst gesetzt hat und wo destruktive Glaubenssätze sie daran hindern, dieses Hindernis jetzt überschreiten zu können. Sie arbeitet an und mit diesen Grenzen, indem sie nach Lösungen sucht, statt mit dem Kopf durch die Wand zu gehen. Eine bewusste Kriegerin lenkt ihre Kraft und Energie so geschickt, dass sie Widerstände auf eine förderliche Art und Weise überwindet.

Wenn die innere Kriegerin in ihre volle Kraft kommt, ist sie die Grenzwächterin schlechthin. Weil sie selbst erkannt hat, welcher Schmerz und welche Wut entsteht, wenn Grenzen missachtet werden, weiß sie auch genau, wie sie andere davor schützen bzw. sie stärken kann. Dann geht es der Kriegerin nicht mehr nur darum, für sich alleine zu kämpfen, sondern sich für eine höhere Sache in dieser Welt einzusetzen. Dies erreicht sie dadurch, dass sie anderen aufzeigt, wie sie sich selbst stärken und ebenfalls in ihre Verantwortung kommen können. Sie leistet also Hilfe zur Selbsthilfe. Besonders wirksam wird sie in ihrer Rolle aufgehen, wenn sie solidarisch und loyal in und mit einer Gemeinschaft handelt.

Die eigenen Grenzen und die anderer zu verteidigen, ist nicht immer einfach. So sieht sich die Kriegerin auch mit ihren eigenen Schattenseiten konfrontiert. Immer mehr wird es nötig sein, die persönliche Komfortzone zu verlassen, um sich den Herausforderungen stellen zu können. Jedes Mal, wenn sie die eigene Angst überwindet, wird sie stärker und lernt ihre wahre Kraft kennen, denn dann hat sie die selbst gesetzten Grenzen überschritten und transformiert.

3

Lerne deine innere Kriegerin kennen

In den nachfolgenden Kapiteln kannst du deine innere Kriegerin noch genauer kennenlernen und diesem Archetypen in dir mehr und mehr begegnen. Der Archetyp der inneren Kriegerin ist ein Anteil von mehreren in dir, doch du wirst sehen, dass du durch das Kennenlernen deiner Kriegerin auch dich selbst immer mehr verstehen wirst. Werden diese Anteile deines Unterbewusstseins gesehen, geheilt und integriert, kannst du eine neue Kraft in dir spüren, deren Energie deine Gedanken und Handlungen beflügeln wird. Oft beginnt durch das Erforschen eines inneren Anteils eine spannende Reise, anschließend noch weitere Archetypen zu erforschen und in das Bewusstsein zu bringen.

Aus diesem Prozess, den du ab jetzt mit deiner inneren Kriegerin Hand in Hand gehst, können für dich viele positive Eigenschaften und Fähigkeiten wieder zutage gefördert werden, von denen du gar nicht wusstest, dass sie in dir angelegt sind. Es geht um Klarheit, Kraft, Frieden, Vertrauen, Intuition, Entschlossenheit, Mut, Weisheit, Mitgefühl und Liebe. Die Zeit ist gekommen, dass du in ihre Energie eintauchst und sie für dich und andere gezielt einsetzen kannst.

3.1 Begegne deiner inneren Kriegerin

Wenn du für einen Moment deine Augen schließt und dir deine innere Kriegerin vergegenwärtigst, wie würde sie sich dir zeigen? Wie wäre ihr Gesicht, ihre Statur, ihre Kleidung? Trägt sie Waffen bei sich? Entspricht dieses Bild einer dir bekannten Darstellung, z. B. aus einem Film oder historischen Bildband? Notiere dir deine ersten Gedanken und inneren Bilder, die bei dir auftauchen wollen, sobald du an deine innere Kriegerin denkst. Sammle erst einmal alle „Indizien“ über sie. Hattest du bestimmte Vorbilder in der Kindheit, die für dich die Energie der inneren Kriegerin symbolisiert? Gibt es heute für dich Frauen, welche für dich diese kriegerische Stärke und Kraft ausstrahlen und dich faszinieren? Lass dir von deinem Herzen aufzeigen, in welche Richtung es dich zieht. Wenn du mit Emotionen auf bestimmte Bilder oder eine spezielle kraftvolle Musik reagierst, sind das Hinweise dafür, wie deine innere Kriegerin sein könnte.

Deine innere Kriegerin sieht sich heute nicht mehr gegnerischen Heerscharen auf dem Schlachtfeld gegenüber oder kämpft für ihren Stamm, sondern sieht sich mit Herausforderungen konfrontiert, welche für die Menschheit als Kollektiv eine Bedrohung darstellen. So möchte sie sich vielleicht in den Bereichen Umweltschutz, Nachhaltigkeit, Gesundheit, Bildung oder Tierschutz einsetzen. Ihre persönlichen Träume betrachtend, geht es darum, diese anzugehen und zu realisieren. Eine Kriegerin realisiert ihre Wünsche, statt darauf zu warten, dass sie per Zufall in Erfüllung gehen oder andere Menschen das für sie erledigen.

Der inneren Kriegerin zu begegnen, bedeutet also, die eigene Welt, das eigene Leben, aus den Augen einer Kriegerin zu betrachten und herauszufinden, welche Themen für sie extrem wichtig sind. Wofür brennt ihr Herz? Die folgenden Fragen können dir dabei helfen, ihrer Sehnsucht auf den Grund zu gehen:

- Welche Frauen versinnbildlichen für mich eine Kriegerin?
- Für welche Themen setzen sie sich ein?
- Welche Eigenschaften schätze ich an diesen Frauen?
- Auf welche Weise leben sie ihre kriegerische Energie aus?
- Wo kämpfe ich in meinem Leben?
- Was fühlt sich für mich wie ein Kampf an?
- Setze ich bewusst meine Grenzen?
- Gibt es Menschen, die meine Grenzen willentlich und unbewusst überschreiten?
- Wo überschreite ich vielleicht die Grenzen anderer?
- In welchen Bereichen möchte ich meine Grenzen deutlicher kommunizieren?
- Gibt es Momente, in denen ich mich überfordert fühle und den Rückzug antrete?
- Für welche Themen brenne ich und möchte mich dafür einsetzen?
- Welche Themenbereiche tauchen seit meiner Kindheit immer wieder in meinem Fokus auf?
- Erlaube ich mir, meine innere Kriegerin auch einmal zu zeigen und „Nein“ zu sagen?
- Akzeptiere ich das Nein anderer?
- Spiele ich in bestimmten Lebensbereichen oder gegenüber Menschen eine gewisse Rolle?
- Was ist mir am allerwichtigsten in meinem Leben?

3.2 Die Kraft der inneren Kriegerin erwacht

Wenn die innere Kriegerin in dir erwachen möchte, kann es zu einem Zeitpunkt in deinem Leben sein, in welchem du vielleicht überhaupt nicht damit gerechnet hast. Dieser Zeitpunkt und jene Situation können für jede Frau unterschiedlich sein. Archetypen durchleben in ihrer Entwicklung ein Heranreifen ihrer Stärke. Es kann also sein, dass du dich gerade so gar nicht mit der Kraft einer inneren Kriegerin verbunden fühlst. Sie nutzt ihre Chance, langsam zu erblühen, wenn es gewisse Umstände im Leben gibt, die unangenehm bis unerträglich sind. Sie kann ihr Feuer aber auch in einem ganz konkreten Moment entzünden, in dem die volle Präsenz einer Kriegerin erforderlich ist, um z. B. sich selbst oder andere zu verteidigen. Da viele Menschen nie gelernt haben, eigene Grenzen zu setzen, zeigen sich sehr deutlich im Außen Lebensumstände, die einen sich wie eingesperrt fühlen lassen oder Situationen, in denen sie missachtend überschritten werden. Schleichend ist der Prozess, bei dem man sich an der Arbeitsstelle nicht mehr wohlfühlt oder die Beziehung einem die Luft zum Atmen nimmt. Gaben äußere Grenzen früher noch das Gefühl von Sicherheit, können sie jetzt als sehr einschränkend empfunden werden.

Im Laufe des Lebens möchte man sich herauslösen aus diesen Grenzen, die durch Eltern und Institutionen gesetzt wurden und wird Schritt für Schritt selbstständiger. Sich durch das eigene Handeln aus den Grenzen herauszulösen, kann in manchen Situationen sehr leichtfallen, in anderen ist es wahrhaftig eine Heldenreise und mit der Überwindung von inneren und äußeren Hürden verbunden. Zunehmend reift die innere Kriegerin heran und löst sich aus den ihr auferlegten Regeln, findet ihre eigene

Verantwortung in der Welt, setzt ihre eigenen Grenzen und verteidigt sie vehement.

Der Weg dorthin geht nicht selten zuerst über den Einsatz für andere, bevor sich die innere Kriegerin für sich selbst einsetzt. Sie erwacht daher oft in Situationen, in denen das Gefühl sehr stark ist, dass man eine andere Person, eine bestimmte Personengruppe oder ein ökologisches/ethisches Anliegen verteidigen möchte. Wenn die kriegerische Kraft erwacht, ist die eigene Wahrheit meist noch nicht ganz klar und auch nicht, wie diese nach außen kommuniziert werden will. Oft gibt es zunächst Phasen des Rückzuges, in denen die Kriegerin ihre Wahrheit erkunden muss, welche eigenen Ideale und Werte für sie von Bedeutung sind und Priorität im Leben haben. Die innere Kriegerin folgt dem Ruf, endlich herausfinden zu wollen, wer sie in Wirklichkeit ist. Dieser Impuls, der nach dem wahren Sinn des Lebens forschen möchte, kann aus einer gefühlten inneren Leere heraus entstehen, welche z. B. durch Konsum nicht befriedigt werden kann. Das Leben wird, so wie es bisher geführt wurde, infrage gestellt. Es fehlen die Gefühle von Verbindung, Sinnhaftigkeit, persönlicher Freiheit, Liebe etc. Und in solch einer Einschränkung möchte die innere Kriegerin nicht weiterleben und beginnt ihren Kampf für ein neues, authentischeres Leben. Sie sagt ja zu sich und sucht ihr wahres Selbst.

Wenn diese Suche nach Sinn und Wahrheit beginnt und sich die innere Kriegerin ihren Ängsten stellt, wird sie zunehmend erkennen, dass sie sich dadurch aktiv ihre Würde und das Gefühl von Bedeutsamkeit in dieser Welt zurückholt. Wer seine Urängste überwindet, erhält im Gegenzug dafür so einige Belohnungen:

- Wissen über den eigenen Seelenweg
- Kennenlernen verborgener Talente und Fähigkeiten
- neue Möglichkeiten des Selbstausdruckes
- Verbundenheit mit anderen Menschen
- selbst Lehrerin für diesen Weg zu sein und dabei Erlerntes weiterzugeben
- neues Selbstbewusstsein, Mut und Stärke

3.3 Die innere Kriegerin entwickelt sich

Die Geschichten von Heldinnen, die auszogen, um ihr persönliches Glück zu finden und zu leben, inspirierten bis heute Menschen weltweit. Dadurch stellen sie auch eine Verbindung dar, in der sich an unterschiedlichsten Orten und in verschiedensten Kulturen Frauen und Männer aufmachen in das Unbekannte, und nach dem persönlichen Kampf für Freiheit, verändert und gestärkt wieder zurückkehren.

Dass sich die innere Kriegerin entwickelt, stellt nicht nur ihre persönliche Befreiung dar, sondern ist in der heutigen Zeit dringend notwendig, um den kollektiven Seelenzustand zu heilen. Alle sind aufgerufen, ihren ganz persönlichen Beitrag dazu zu leisten, damit die Erde eine gesunde und schützende Heimat für alle darstellt. In ihrer Entwicklung darf die innere Kriegerin immer mehr entdecken, welchen Beitrag sie dazu leisten kann und löst sich zunehmend aus dem Konkurrenzdenken und Egoismus hin zu einem mitfühlenden Einsatz für das Gemeinwohl. Die persönliche Entwicklung der inneren Kriegerin vollzieht sich nicht linear, sondern schraubt sich eher spiralförmig höher und höher hinauf in neue Dimensionen ihres Seins. Die Reise ist dabei nie wirklich abgeschlossen, sondern eine Aneinanderreihung vieler verschiedener Reisen, deren Essenzen der Kriegerin helfen, sich mehr und mehr zu erkennen und zu stärken. Jede dieser Reisen bewirkt eine Verwandlung im Inneren und erst dadurch entsteht wieder eine neue Basis für den nächsten Schritt, eine nächste Herausforderung.

Die wohl erste und wichtigste Entwicklung der inneren Kriegerin wird sein, zu erkennen, dass sie in dieser Welt gebraucht wird und ihr Beitrag wichtig ist. Denn das Gefühl, nichts bewirken zu können und machtlos zu sein gegenüber all den Herausforderungen im privaten Bereich und gegenüber globalen Schwierigkeiten, lässt diese innere Leere entstehen, welche an der Sinnhaftigkeit des Lebens zweifeln lässt. Die innere Kriegerin darf sich daher auf den Weg machen, ihre eigene Größe zu entdecken und sich aus ihrer gefühlten Machtlosigkeit zu befreien. Es ist eine Illusion, zu glauben, dass jeder einzelne keinen Einfluss auf das Weltgeschehen haben kann. Viele Geschichten von Kriegerinnen der Geschichte und der Neuzeit können dies beweisen. Die innere Kriegerin wird auf dem Weg der Desillusionierung jedoch zunächst erkennen müssen, dass nicht das Leistungsdenken, materieller Reichtum und eine Vielzahl von Erfahrungen dazu führen, sich im Leben groß und mächtig zu fühlen. Im Gegenteil, diese Gedanken und Handlungen halten sie weiterhin in der Illusion der Machtlosigkeit gefangen, da sie zwar das Gefühl von Bedeutsamkeit vermitteln wollen, aber den Blick eher nach außen, statt nach innen richten.

Die Kriegerin versteht immer mehr, dass sie den Weg nach innen antreten muss, um Verantwortung für ihr Leben übernehmen zu können. Statussymbole und Anerkennung halten sie lediglich in einem trügerischen Scheinbild gefangen, es spiegelt aber nicht ihr wahres Selbst wider. Die existentielle Frage der inneren Kriegerin während ihrer Entwicklung wird daher ständig lauten: „Wer bin ich wirklich?"

Überlege einmal für dich selbst, wie viele deiner Gedanken am Tag darüber handeln, ob du in dieser Welt erfolgreich, gesund, intelligent, sympathisch oder schön genug bist? Achte auf deine Handlungen, die sich aus diesen Gedanken ergeben. Bewusst oder unbewusst folgen viele Menschen bestimmten Idealen, die sich vor allem daran orientieren, wie das äußere Erscheinungsbild gegenüber anderen ist. Dies ist ein ganz natürlicher Prozess und rührt daher, dass man dazugehören, ein wichtiger Teil dieser Menschenfamilie sein möchte. Es handelt sich um ein sehr essenzielles Bedürfnis der Zugehörigkeit, welches in letzter Konsequenz überlebenswichtig für jeden Menschen ist. Allerdings erzeugt dieses Bedürfnis auch enormen Druck, in dieser schnellen Welt, die sich in vielen Themenbereichen so rapide entwickelt, mithalten zu können. Daraus leitet sich eine nächste sehr wichtige Frage für die innere Kriegerin ab: „Welchen Ansprüchen willst du genügen?" Es ist sehr deutlich zu beobachten, dass einige Kriegerinnen mit dem Gefühl kämpfen, den Ansprüchen der Gesellschaft oder einem bestimmten Schönheitsideal nicht zu entsprechen. Die Folge ist, dass sie mehr und mehr ihrer eigentlichen Würde und Stärke nach außen abgeben und in Vorwürfen sich selbst gegenüber gefangen sind.

Ein anfänglicher Entwicklungsschritt der inneren Kriegerin könnte daher sein, sich zunächst in äußeren Bildern zu suchen, welche für sie „Perfektion“ darstellen. Das Leben wird ausgerichtet auf einen Weg, so sein zu wollen, wie andere es bereits sind. Die Entwicklung der inneren Kriegerin zielt jedoch mehr darauf ab, herauszufinden, wer sie wirklich ist - und aus dieser Erkenntnis heraus das Außen zu verändern. Andere Kriegerinnen könnten als Inspiration und Unterstützung dienen, um von ihnen zu lernen, das wahre Selbst authentisch in dieser Welt zu verwirklichen. Die innere Kriegerin will daher nicht jemand anderes werden, sondern herausfinden, was sie tun, lernen und lieben möchte. Diese Selbsterkenntnis der inneren Kriegerin führt dazu, dass sie sich ihrer Intelligenz, Schönheit und Güte bewusst wird und ihre Talente und Fähigkeiten gezielt für das Gute einsetzt. Sie muss sich nicht mehr im Kampf beweisen, dass sie stark und mächtig ist, sondern erkennt, dass sie bereits vollkommen ist. Sie muss keinem Bild von „Perfektion“ entsprechen, sie erkennt ihr wahres Selbst als Perfektion.

Die innere Kriegerin ist jener Anteil in dir, der sich stark mit deinen elementaren Bedürfnissen und Leidenschaften auseinandersetzt und sich auf den Weg macht, die eigenen Wünsche erfüllen zu wollen. Sie nimmt dabei verschiedene Etappen der Entwicklung von einem Ich-Bewusstsein in Richtung Über-Ich-Bewusstsein. Handelt sie zunächst aus Eigeninteresse, um das Ich-Bewusstsein zu stärken, wird sie mit zunehmender Kraft und Erkenntnis dazu übergehen, sich für moralische Werte einzusetzen. Das Über-Ich tritt immer mehr zum Vorschein, doch orientiert sich dieses noch sehr an den Idealen anderer, z. B. von Eltern, Schule, Religionen. Innerhalb ihrer Entwicklung kann dieser Weg zunächst sehr positiv und erfüllend erscheinen, allerdings unterdrückt die innere Kriegerin manche Anteile, um diesem äußeren Ideal entsprechen zu können. Dies kann mit der Zeit zu einer wahren Sinnkrise führen, wenn das Ideal eines Über-Ichs nicht zum eigenen passt. Die innere Kriegerin lebt ihre Wahrheit, ihr authentischstes Über-Ich, wenn sie ihren eigenen Werten folgt. Ziel ist es, im Spiegel der Außenwelt Informationen über das eigene Selbst erfahren zu können und immer mehr in einen Zustand des Gleichgewichtes zu kommen, zwischen dem Ich (Ego, Identität) und dem Über-Ich (wahres Selbst, Seele). Das kann bedeuten, dass der eigene Verzicht auf bestimmte Wünsche für das größere Wohl der Menschheit aufgegeben wird. Trotzdem muss das eigene Wohl nicht komplett aufgeopfert werden, um das Wohl anderer zu sichern. Schwingt das Pendel zu sehr in die eine oder andere Richtung, kann ein innerer Konflikt entstehen, der die Kriegerin immer wieder kämpfen lässt. Entweder zu sehr für sich selbst, oder zu sehr für andere. Kommt sie aber in ihre Mitte, profitieren beide Seiten.

Es lässt sich also festhalten, dass sich die Entwicklung der inneren Kriegerin in verschiedenen Phasen vollzieht:

- Eine bestimmte Situation fordert die innere Kriegerin heraus, ihre Integrität genauer zu betrachten. Die eigenen Bedürfnisse, Wertevorstellungen und Wünsche werden überprüft, ja gar infrage gestellt.

- Es beginnt eine Suche nach der eigenen Wahrheit. Dabei kann die innere Kriegerin an unterschiedlichsten Orten, sowie innen als auch außen, suchen.
- Die innere Kriegerin beginnt, sich neue Ziele zu setzen und Strategien zu überlegen, um diese zu erreichen. Dadurch erlernt sie neue Fertigkeiten und entdeckt ihre bereits vorhandenen Fähigkeiten und Talente. Altes wird losgelassen und es beginnt ihre persönliche Transformation.
- Durch ihr gezieltes Handeln entwickelt sie immer mehr Disziplin, Mut, Optimismus und Mitgefühl. Diese Eigenschaften setzt sie für sich und andere ein. Sie teilt ihre Liebe mit anderen und begeht auch den Weg der Selbstliebe.
- Die innere Kriegerin lebt in und mit der Gesellschaft ein nach bestimmten Werten und Normen geprägtes Leben, das sie sich selbst erschaffen hat. Sie übernimmt die Verantwortung für ihre persönliche Veränderung und jene im Außen.
- Solange ihr Lebensweg jedoch nicht vollkommen übereinstimmend mit ihren eigenen Vorstellungen verläuft, werden Sinnkrisen sie immer wieder auf die Suche nach ihrem wahren Selbst bringen und diese Phasen von vorne beginnen lassen. Das alte Selbst erfährt jedes Mal eine weitere Transformation, um wieder ein neues Selbst zu erschaffen. Das Muster einer spiralförmigen Reise zu immer höheren Dimensionen des wahren Selbst erfolgt.

3.4 Themen der inneren Kriegerin in verschiedenen Lebensbereichen

Die Entwicklung der inneren Kriegerin vollzieht sich innerhalb der verschiedenen Lebensbereiche und bringt daher auch immer neue Themen und Situationen zum Vorschein. Dies ist notwendig, damit sie auf der Reise zu sich selbst erkennen kann, was für sie die Wahrheit (z. B. in Beziehungen) wirklich bedeutet. Innerhalb der einzelnen Lebensbereiche kann die innere Kriegerin ihre lichtvollen Seiten ausleben oder ihre Schattenseiten einer Transformation unterziehen. Es lohnt sich daher, die einzelnen Lebensbereiche genau unter die Lupe zu nehmen, da sich die innere Kriegerin sehr unterschiedlich zeigen und an unterschiedlichen Entwicklungspunkten stehen kann.

Lebensbereich Beruf

Integrität ist für eine erwachte innere Kriegerin besonders wichtig. Sie möchte sich einsetzen für bestimmte Werte und kann dahingehend sehr viel Engagement zeigen. Ihre Motivation, Leidenschaft und Stärke werden gedrosselt, wenn ihr berufliches Umfeld diese Eigenschaften nicht zulassen. Es ist ihr sehr wichtig, in dieser Welt etwas zu bewegen, einen Unterschied zu machen. Dafür geht sie los, auch gerne gemeinsam mit einem Team von Gleichgesinnten. Dabei bleibt sie aufgeschlossen und neugierig, Neues zu lernen, aber auch ihr erworbenes Wissen an andere weiterzugeben. Eine innere Kriegerin in ihrer Kraft liebt es, Herausforderungen anzugehen und ihren gesamten Fokus darauf auszurichten.

Lebt die innere Kriegerin ihre Schattenseiten im beruflichen Kontext aus, zeigt sie sich als eine Chefin oder Kollegin, die sich ausschließlich für ihre eigenen Belange einsetzt. Profit und Prestige stehen an erster Stelle. Der Weg der Selbstverwirklichung wird vor allem aus der Energie des Egos gespeist. Innere Kriegerinnen, die nicht in ihre Kraft kommen können oder wollen, ziehen sich in ihrem Team zurück, distanzieren sich und sind sehr passiv. Sie erledigen die ihnen zugeteilten Aufgaben, verleugnen aber für die persönliche Sicherheit ihr wahres Selbst, das sie niemals hervorblitzen lassen. Sie beschäftigen sich vor allem damit, wie sie auf andere wirken, wie sie sich anpassen können, nicht aufzufallen und wie sie ihre Fassade aufrechterhalten können.

Lebensbereich Gesundheit

Ist die innere Kriegerin in ihrer Entwicklung fortgeschritten, versteht sie es, mit ihrer Energie hauszuhalten und sie immer wieder neu aufzuladen. Sie weiß, dass sie nur anderen helfen und für ihre Ziele kämpfen kann, wenn sie gut für sich selbst sorgt. Eine Kriegerin braucht den Ausgleich zwischen Anspannung und Entspannung und nimmt sich ihre Zeit dafür. Sie setzt Prioritäten und ihre Gesundheit und ihr Wohlbefinden stehen ganz oben auf ihrer Liste. Jede innere Kriegerin hat ihr individuelles Selfcare-Programm, das ihr zur Regeneration dient. Sie passt es entsprechend ihrer Bedürfnisse an.

Schwierig kann es für die Kriegerinnenenergie werden, wenn sie ihre Emotionen unterdrückt bzw. verdrängt. Reize, Eindrücke und Konflikte können der inneren Kriegerin zusetzen, wenn sie nicht verarbeitet werden. Ist sich die Kriegerin nicht darüber bewusst oder nimmt sich zu wenig Zeit dafür, diese zu reflektieren, können körperliche Symptome auftreten und ihr ihre Energie rauben, die sie eigentlich so dringend für den Kampf für das Gute bräuchte. Albträume, Verspannungen, Immunschwäche, Entzündungen etc. sind daher deutliche Warnsignale, welche der Kriegerin signalisieren wollen, wieder mehr auf ihren Energiehaushalt und ihre Gesundheit zu achten. Da die innere Kriegerin das große Bedürfnis hat, sich für ihre Ideale und wichtigen Projekte einzusetzen, können diese nur dann nachhaltig und stabil aufrechterhalten werden, wenn ihr Energieniveau überwiegend stabil bleibt. Sich für die eigene Gesundheit aktiv einzusetzen, ist für die Kriegerinnenpersönlichkeit eine der wichtigsten Grundlagen für ihren Erfolg im Leben.

Lebensbereich Beziehungen

In Beziehungen ist die innere Kriegerin besonders loyal und zuverlässig, da sie gerne gibt und ihre Liebe fließen lässt. Sie unterstützt und umsorgt, wo immer sie gebraucht wird. Eine reife Kriegerin geht den Weg der Selbstliebe und Nächstenliebe gleichermaßen. Sie bietet ihrer Familie, Lebenspartnern und Freunden eine starke Schulter zum Anlehnen und ist immer darum bemüht, eine warme, beständige und geborgene Umgebung zu erschaffen. Sie kämpft wie eine Löwin für alle, die sie in ihr großes Herz geschlossen hat. Sicherlich will sie auch innerhalb ihrer Herzensbeziehungen ihre Kraft und Stärke zum Ausdruck bringen, sie vielleicht sogar in kleineren Machtkämpfen messen. Diese Art des Kräftemessens vollzieht sie mit Leichtigkeit und Verspieltheit, sodass alle Beteiligten mit Spaß involviert sind.

Die innere Kriegerin wechselt auch in ihre Schattenseiten, wenn jemand ihre Liebe enttäuscht. Themen wie Ablehnung, Lug und Betrug und Intrigen bringen ihr Blut in Wallung und sie begibt sich auf einen Kriegsschauplatz, auf dem sie sehr hart und verletzend agieren kann. Auch Kriegerinnen können Angst davor haben, verletzt zu werden und öffnen sich nur langsam und mit Vorsicht ihrem Gegenüber. Wenn eine Kriegerin um ihre Schattenseiten weiß, kann es sie auch dahingehend hemmen, dass sie Angst hat, andere zu verletzen. Der unsichtbare Schutzschild einer inneren Kriegerin zeigt sie durch Distanzierung, Überlegenheit und Gefühlskälte. Sie setzt ihre Grenzen innerhalb von Beziehungen und verteidigt sie je nach Art der Beziehung, Situation und eigener Reife sanftmütig oder ohne Angst vor Verlusten und Verletzungen.

3.5 Die verdrängte innere Kriegerin befreien - Schattenarbeit

Die grundsätzliche Energie einer Kriegerin ist eher männlich, welche sie durch die Themen Leidenschaft, Schutz, Kraft, Mut, Konfrontation, Loyalität, Klarheit, Fokus, Aktivität und Ehre ausdrückt. Im Einsatz für ihre Herzensangelegenheit muss sie in ihrer Kriegerinnenenergie bleiben und ins Handeln kommen. Grundsätzlich sind die Eigenschaften der inneren Kriegerin als Archetyp in deinem Unterbewusstsein angelegt und warten darauf, zum Einsatz kommen zu können. Durch bestimmte Erfahrungen oder gar Traumata kann es jedoch sein, dass die innere Kriegerin verdrängt wurde.

Wird der Archetyp der inneren Kriegerin im Leben nicht zugelassen, zeigt es sich daran, dass die eigenen Werte anderen gegenüber verleugnet werden. Die innewohnende Kraft wird unterdrückt und nicht ausgelebt, was Tür und Tor für Angriffe unterschiedlichster Art bietet. Der nicht ausgelebte Kriegerinnenanteil findet sich in einem Wechselspiel von Opfer-Täter-Rollen wieder, in welchen sie ihre Macht unterdrückt, aber doch „unsichtbar" auslebt. Ihr eigenes inneres Feuer ist ihr so wenig vertraut, dass es ihr sogar Angst bereiten kann. So versucht sie, es so stark wie möglich zurückzudrängen und zu verbergen. Wut ist ein wichtiger Antrieb der inneren Kriegerin, um sich aktiv für die Veränderung im eigenen Leben und in der Welt einzusetzen. Im verdrängten Zustand wird diese Wut zu einem Schattenthema. Anstatt sie positiv einzusetzen, um den Fokus auf Lösungen und Hilfe zu legen, brodelt die unsichtbare Wut unter einer Maske vor sich hin. Wird diese Emotion jedoch nicht auf konstruktive Weise ausgelebt, wirkt sie selbstzerstörerisch. Dies kann sich in physischen und/oder psychischen Problemen ausdrücken. Die passive Aggressivität einer inneren Kriegerin schadet jedoch nicht nur ihr selbst, sondern auch anderen in ihrem Umfeld. Die eigenen Bedürfnisse und Grenzen sind so unklar, dass sie nicht deutlich kommuniziert werden. Für Außenstehende ist daher das Verhalten nicht verständlich nachvollziehbar und so können Konflikte in Beziehungen entstehen. Dann werden die Grenzen der Kriegerin überschritten und Bedürfnisse nicht erfüllt, was zur Folge hat, dass die unterdrückte Wut noch größer wird. Jede Schattenseite, die nicht ins Bewusstsein angehoben wird, wird größer und bahnt sich trotzdem ihren Weg. In Beziehungsgeflechten können Intrigen, Missgunst, Neid und Vorwürfe entstehen und toxisch wirken.

Der Ursprung der Verdrängung der inneren Kriegerin kann in der Kindheit liegen, in welcher sie Unterdrückung erfahren hatte. Kinder zeigen die Wildheit einer Kriegerin in ihrem Spiel und suchen spielerische Wege, ihre Kräfte mit anderen zu messen. Wird ihre Impulsivität und Energie durch Maßregelungen zurückgewiesen, eingeengt oder unterdrückt, kann sich die Intensität der Emotionen nach innen richten. Aggressives Verhalten und selbstzerstörerische Tendenzen können die Folge sein. Das Kind lernt früh, dass die innere Kriegerin nicht „richtig" ist und passt sich an, um die Liebe und Anerkennung der Eltern, Freunde, Erzieher und Lehrer nicht zu verlieren. Doch durch diese Unterdrückung lernen Kindern nicht, ihren Wünschen und Bedürfnissen Ausdruck zu verleihen und ihre Energien in positive Richtungen zu lenken. Gerade bei Mädchen wird ein zu wildes und ungestümes Verhalten kritisch beäugt, sodass die innere Kriegerin auch in der heranwachsenden Frau keine Chance hat, zu erwachen, wenn ihr starker Wille, ihre Stärke und Impulsivität abgelehnt werden.

Um die unterdrückte innere Kriegerin wieder zu integrieren, ist es besonders wichtig, sich mit den eigenen Schattenthemen auseinanderzusetzen. Der schweizer Psychiater Carl Gustav Jung (1875 – 1961), welcher auch als Entdecker der Archetypen gilt, betonte die Wichtigkeit der eigenen Schattenarbeit, um die unterdrückten und versteckten Anteile der Psyche wieder integrieren zu können. Er prägte das Wort „Schatten" in Bezug auf die psychologische Arbeit mit dem Unterbewusstsein. Sein Vierermodell der Schattenarbeit beinhaltet die vier Energien der Archetypen, welche jeder menschlichen Seele auf der unbewussten Ebene zugängig sind.

Woran kannst du erkennen, dass ein bestimmtes Thema als „Schatten" in deinem Unterbewusstsein existiert? Du kannst diese unterdrückten Anteile sichtbar machen, wenn du deine Gedanken und Handlungen genau beobachtest und reflektierst. Ein Schattenthema zeigt sich z. B. dadurch, dass du bestimmte Menschen ablehnst. In Wirklichkeit lehnst du Eigenschaften von ihnen ab, welche du in dir permanent zu unterdrücken versuchst. Andersherum ist es ebenfalls der Fall, wenn du zu Idolen aufsiehst, weil diese bestimmte Eigenschaften haben, welche in dir auf Befreiung warten. Hinweise auf unterdrückte Schattenthemen geben auch Gedanken- und Handlungsmuster, die sich immer wieder gleich abspielen, teilweise ohne Absicht. Das unbewusste Wiederholen zeigt auf, dass hier ein unterdrückter Anteil die Regie über das eigene Verhalten übernommen hat. All dies können Hinweise darauf sein, dass ein Schatten genauer betrachtet werden sollte.

Wurde die innere Kriegerin unterdrückt bedeutet das, dass dieser Anteil abgespalten wurde, da ihre Eigenschaften z. B. aus Angst nicht gezeigt werden wollen. Schattenthemen können sowohl positiv als auch negativ sein, aber aus einem speziellen Grund werden sie abgelehnt und nicht gelebt. Doch auch das Unterdrücken der eigenen Schatten kostet viel Energie, sodass für das wahre Leben kaum noch welche übrig bleibt. Es müssen immer wieder bestimmte Muster wiederholt und Emotionen durchlebt werden, um Themen im Unterbewusstsein zu halten. So kann das wahre Selbst eines Menschen nie wirklich zum Vorschein kommen, denn all die verborgenen Talente, Fähigkeiten und Eigenschaften bleiben im Verborgenen und manipulieren als Hilferuf die Persönlichkeit.

Der Blick in das eigene Unterbewusstsein, um mit den Schattenthemen zu arbeiten, braucht einen geschützten Raum und die freie Entscheidung, sich diese Schatten ansehen zu wollen. In Alltagssituationen ist es oft nicht leicht, diesen Schutz zu finden. Daher wird es schwerfallen, z. B. die Emotion der Wut im Alltag auszuleben, um diesen Schatten zu integrieren. Überlege daher zuerst, in welchem Rahmen sich die unterdrückte innere Kriegerin könnte zeigen wollen? Es braucht ein Umfeld, das frei von Kritik, Verurteilung und Druck ist. Hier gibt es verschiedene Möglichkeiten, wie z. B. in der Natur, in einer vertrauten Frauengruppe, in einer Coachingsitzung, in einem Tagebuch. Erst wenn die Atmosphäre als sicher eingestuft wird, wird es möglich sein, einen tieferen Zugang zu den eigenen Schattenthemen und den damit verbundenen Gefühlen zu erhalten.

Wenn du das für dich passende Umfeld und evtl. auch Personen gefunden hast, die deinen Prozess der Schattenarbeit begleiten können, kannst du deinen Wunsch klar äußern, was du genau verändern möchtest. Dafür ist es notwendig, dein Verhalten vorher genau zu reflektieren und zu erkennen, welche Eigenschaften der inneren Kriegerin du noch unterdrückst. Nimm dir zunächst nur ein Schattenthema vor, das du transformieren willst. Dieses Thema kann sich dir zeigen, wenn du beginnst, deiner inneren Stimme wieder mehr zu lauschen. Hast du ein bestimmtes Verhalten bei dir entdeckt, das auf eine unterdrückte innere Kriegerin hinweist? Dies könnte sein, dass du Wut unterdrückst oder, im Gegenteil, diese ungefiltert und ohne Rücksicht auslebst. Ein anderes Thema könnte sein, dass du deine persönlichen Grenzen nicht verteidigst oder andere Grenzen schamlos übertrittst. Handelt es sich dabei um einen Schatten, den du versuchst, im Unterbewusstsein zu halten? Stell dir vor deinem inneren Auge vor, wie du dich entsprechend verhältst. Was sagt deine innere Stimme dazu? Tauchen plötzlich Gefühle darüber auf? Fühlst du dich wohl oder unwohl, wenn du dir dein eigenes Verhalten genauer ansiehst? Gerade wenn du negative Emotionen spürst und deine innere Stimme dein Verhalten ablehnt, sind dies Hinweise auf ein Schattenthema. Du kannst dir auch gezielt Fragen stellen, um deinen Schatten ausfindig zu machen:

- In welchen Situationen bin ich glücklich?
- Was macht mich traurig?
- Wann fühle ich mich ängstlich?
- Was macht mich wütend?

Reflektiere verschiedene Situationen und deine entsprechenden Verhaltensmuster. Wie fühlst du dich dabei? Es kann sicherlich hilfreich sein, deine Erkenntnisse aufzuschreiben. Deine Notizen werden dir auch helfen, in Zukunft besser erkennen zu können, ob und auf welche Weise sich Veränderungen in deinem Verhalten zeigten. Ein Blick in die Zukunft von deinem jetzigen Standpunkt aus kann dir ebenfalls helfen, dein Verhalten zu reflektieren. Wer bist du jetzt und wie würdest du in Zukunft gerne sein? Du kannst dir innerlich dein ideales Ich vorstellen und daran erkennen, welche Verhaltensweisen verändert werden müssen, um dieses Idealbild erreichen zu können. So wird dir schnell klar werden, wo Schattenthemen dich bisher noch daran hindern, dieses Ziel zu erreichen. Letztendlich geht es darum, dass du immer mehr lernst, dich selbst im Alltag genauer zu beobachten und schnell zu erkennen, wann du dich nicht wohl in deiner Haut fühlst. Dein Fokus wird immer zunehmend auf deine Gefühle gelegt, um sie aufmerksam zu betrachten und nicht zu unterdrücken. Mit der Zeit kannst du mehr Achtsamkeit gegenüber deiner inneren Welt entwickeln und dich selbst sehr genau kennenlernen.

Nach erfolgreicher Analyse deiner Verhaltensweisen ist es nun außerordentlich wichtig, diese nicht abzulehnen, sondern sie genauso wie sie sind anzunehmen. Es bedeutet, auch dem Schatten einen liebevollen und wertgeschätzten Raum in deinem Leben zu geben. Du akzeptierst dieses Schattenthema so, wie es sich dir gerade zeigt. Durch deine Akzeptanz kommst du in die Verantwortung und gibst die Macht nicht länger an deine unbewusst ablaufenden Verhaltensmuster ab. Damit du deinen Schatten wirklich akzeptieren kannst, wird es dir helfen, in der beobachtenden Position zu verweilen und dich nicht in Wertungen, inneren Dialogen und Verurteilungen zu verstricken. Akzeptiere die Realität so, wie sie gerade ist. Sie zeigt sich dir so, weil sie in diesem Moment für dich vollkommen richtig und wichtig ist. Es gibt daher keinen Grund, sie abzulehnen.

Die liebende Annahme deines Schattens ist der erste und wichtige Schritt in Richtung Integration. Denn jetzt geht es darum, dieses Verhalten in dein Inneres, dein Ich aufzunehmen, als ein wichtiger Teil von dir. Der Integrationsprozess ist eine Zeit, in der du durch Visualisierungen oder auch äußere Aufgaben daran arbeitest, dein Schattenthema auf die Stufe deines Bewusstseins zu heben und gezielt in Situationen einfließen zu lassen. Unterdrückst du z. B. deine Wut, kannst du dir Situationen vorstellen, in denen du sie ausleben kannst. In deinem Alltag können Momente vorkommen, in denen du deine Wut runterschluckst und du jetzt überlegen und üben darfst, ihr einen konstruktiven Weg nach außen zu weisen. Du könntest deine Wut z. B. als Antrieb dafür nehmen, eine bestimmte Situation nun endgültig zu verändern, nach Lösungen zu suchen und dem Auslöser der Wut einen Gegenpol zu setzen. Egal, ob du deinen Schatten in Visualisierungsübungen oder in realen Handlungen integrierst, du signalisierst ihm, dass er da sein darf und ein wichtiger Teil von dir ist. Dann muss er nicht mehr in deinem Unterbewusstsein vor sich hin schwelen und nach Wegen suchen, auf sich aufmerksam zu machen.

Nach der Integration des Schattens beginnt die Transformationsphase, in der das eigene Verhalten verändert wird in Richtung Wunschverhalten, mit dem du dich wohl und authentisch fühlst. Dieser Schritt ist erst möglich, nachdem du deinen Schatten erkannt und erfolgreich integriert hast. Transformation bedarf einer längeren Phase von etwa vier Wochen, in denen du immer wieder vor deinem inneren Auge visualisierst, wie sich dein Verhalten verändern soll - in der Form, dass sich auch dein Leben positiv verändert. Visualisierungsübungen können eine sehr geeignete Möglichkeit sein, die Schattenarbeit zu vollziehen, da du in deiner Fantasie sozusagen die Realität erst einmal erproben kannst. Stelle dir dein neues Verhalten in allen Einzelheiten genau vor, immer wieder und regelmäßig, denn die Kraft deiner Visualisierung und Gedanken wird dich in deinem Transformationsprozess erheblich unterstützen. Zunehmend solltest du in deinem Alltag erproben, wie du dein neues Verhalten in die Tat umsetzt. Das kann dir am Anfang sehr fremd erscheinen und auch dein Umfeld wird sich ebenfalls erst an dein neues Ich gewöhnen müssen. Versuche beharrlich an deinem neuen Verhaltensmuster festzuhalten, welches deine wahre Identität viel mehr zum Ausdruck bringt. Dadurch wird sich mit der Zeit auch dein Unterbewusstsein in die von dir gewünschte Richtung umprogrammieren. Damit ein Schattenthema dauerhaft integriert und transformiert wird, braucht es seine Zeit, welche bei jedem Menschen anders sein kann.

Die innere Kriegerin aus ihrer verdrängten Position wieder ans Licht zu holen, wird einiger Schritte bedürfen und fordert deine Geduld. Nachdem du ihre Eigenschaften und ihre Ziele kennengelernt hast, kannst du dich selbst entsprechend dahingehend reflektieren, wo du deine innere Kriegerin noch nicht lebst und lange nicht leben wolltest. Wo stehst du jetzt und wie wird sich deine Zukunft zeigen, wenn die Kriegerinnenenergie stärker in dir wird? Wofür wirst du dich einsetzen und dem Wohl anderer dienen? Welche Ziele wirst du dir selbst stecken und wie wirst du sie erreichen? All deine Vorstellungen können zu deiner Realität werden, wenn die innere Kriegerin wieder in dir leuchten darf.

3.6 Heilung der verwundeten inneren Kriegerin

Wenn eine innere Kriegerin zwar integriert in das Bewusstsein ist, ihr Anteil gelebt wird, jedoch aufgrund von vergangenen Wunden nicht in ihre volle Kraft kommt, steht das Thema Heilung an vorderster Stelle. In ihrer Verletztheit reagiert die Kriegerin in den Augen anderer sehr stark auf kleinste Reize. Sie sieht in vielen Handlungen und Äußerungen Kritik an ihrer Person, womit sie nicht umgehen kann, weil es ihre Wunde berührt. Ihre Reaktion ist vielleicht nicht nachvollziehbar und nicht verhältnismäßig, jedoch ist es aus diesem verwundeten Status heraus ihre einzige Möglichkeit, sich mit letzter Kraft gegen Ungerechtigkeiten zu verteidigen. Sie spürt ihre Angst viel größer als ihren Mut. Sie kann die lichtvollen Seiten nicht leben, weil ihre Wunden sie noch auf der Schattenseite festhalten. Ähnlich wie bei der verdrängten inneren Kriegerin wird es daher ein sehr wichtiger Punkt sein, sich diese Wunde anzusehen, die noch nicht verheilt ist und dazu führen, das Energiepotential der inneren Kriegerin enorm zu schmälern.

Da eine Kriegerin auch sehr stolz sein kann, möchte sie anderen ihre Wunden nicht zeigen und überspielt diese lieber, als sich Hilfe zu holen. Sie kämpft für sich alleine und das in manchen Situationen auch mit harten Bandagen. Nicht selten liefert sie sich dann einen verbalen Schlagabtausch, stichelt in die Wunden anderer und greift auch zu unfairen Mitteln. Wohl fühlt sich die innere Kriegerin damit nicht, will sie sich doch eigentlich mit ihrer Kraft schützend vor andere stellen. Wenn ihre inneren Verletzungen noch stark schmerzen, dreht sich aber erst einmal alles um sie selbst. Dieser Prozess ist für sie notwendig, um ihren Selbstwert und ihren Antrieb wieder aufbauen zu können. Sinnlos bleibt dieser Selbstbezug jedoch dann, wenn sie auf einem egozentrischen Niveau stehen bleibt, statt aktiv die Verantwortung für sich zu übernehmen und die Wunden immer mehr zu heilen. Ein anderes Extrem könnte sein, dass sie vor den eigenen negativen Gefühlen wegläuft und ihre letzte Kraft nur noch für andere aufopfert. Das lenkt sie ab und sie fühlt sich gebraucht, was wiederum ihrem Selbstwert guttut. Aber auch hier wird sie keine Heilung finden.

So kann es also sein, dass du dich mit deiner inneren Kriegerin sehr verbunden fühlst und ihr Anteil bereits präsent und aktiv ist, doch frühere Verletzungen verhindern noch, dass sie ihr Potential entfalten kann. Folgende Fragen können dir als Reflektion darüber dienen:

- Reagiere ich empfindlich, wenn mich jemand kritisiert?
- Habe ich Angst, von anderen abgelehnt zu werden?
- Bilde ich mir mein eigenes Urteil oder vertraue ich auf das Urteil anderer?
- Kenne ich meine persönlichen Grenzen und verteidige sie?

- Kann ich Schwäche annehmen und auch zeigen?
- Gebe ich anderen oft die Schuld für meine Probleme oder die der anderen?
- Attackiere ich andere verbal, wenn ich nicht mit ihrer Meinung einverstanden bin?
- Empfinde ich manchmal Schuldgefühle für mein eigenes Handeln?
- Schäme ich mich für Dinge, die ich getan oder gesagt habe?

Um die Wunden einer Kriegerin zu heilen, ist es wichtig, zu erkennen, wann diese genau entstanden sind. Es gibt Verletzungen, welche in vergangenen Inkarnationen zugefügt worden sein können. Bei den vorhandenen Wunden könnte es sich auch um Traumata aus der Kindheit handeln, welche die innere Kriegerin noch nicht verarbeitet hat. Oder sie kämpft mit schmerzlichen Situationen im gegenwärtigen Moment, welche ihr die Energie rauben.

Schamanische Reise

Eine schamanische Seelenreise, oder auch „Seelenflug“ genannt, kann eine passende Möglichkeit sein, den Wunden der inneren Kriegerin auf den Grund zu gehen. Wann und wie sind sie entstanden? Was braucht die Kriegerin, um wieder in ihre Kraft zu kommen? In der schamanischen Tradition arbeitet man gezielt mit den Archetypen als helfende Begleiter und schätzt ihre Botschaften. Eine Reise in das eigene Unterbewusstsein, auch Seelengarten bezeichnet, bietet die Möglichkeit, direkt mit der inneren Kriegerin in Kontakt zu treten, sie zu betrachten und ihr Fragen zu stellen. Schamanen können in einer Art Trancezustand, welcher das eigene Bewusstsein erweitert, „zwischen den Welten“ wandeln und das für den Menschen Unsichtbare erkunden. Die Trommel gilt in der schamanischen Tradition als das „Pferd“, auf dem der Reisende in die Anderswelt gelangen kann. Mithilfe der Trommel oder Rassel versetzt er sich in einen Zustand, in dem sich die Gehirnwellen in einem Alpha- oder Theta-Bereich bewegen, welcher nur durch tiefe Meditation zu erreichen ist. Der Schamane ist zwar entspannt, jedoch hellwach und bereist die Anderswelt, um dort wichtige Hinweise und Informationen erhalten zu können.

Unter Anderswelt versteht man im Schamanismus drei verschiedene Ebenen der Realität: Die untere, mittlere und obere Welt. Jede dieser Welten repräsentiert eine andere Ebene des Bewusstseins. In der unteren Welt begegnet man seinem Unterbewusstsein und damit auch den verschiedenen Anteilen, die als Archetypen bezeichnet werden. Auch Krafttiere, verlorene Seelenanteile, Ursachen von Krankheiten, Seelenverträge und Glaubenssätze sind dort verortet. Die mittlere Welt ist der Ort, an dem geistige Aspekte, wie z. B. erdgebundene Seelen oder Energiesysteme (wie die eigene Aura und Chakren) bereist werden können. Sie stellt eine energetische Parallelwelt zu unserer Realität dar, die jedoch nicht jeder wahrnehmen kann. Die obere Welt ist der Zugang zu einem göttlichen Bewusstsein, Informationen geistiger Lehrer und Engelwesen. Es ist möglich, schamanische Techniken zu erlernen oder mit einem Schamanen zusammenzuarbeiten, um die innere Kriegerin mittels Seelenreise zu besuchen und herauszufinden, welche Wunden sie noch in sich trägt, die geheilt werden dürfen. Solch eine schamanische Arbeit kann auch dabei helfen, in vergangene Inkarnationen der inneren Kriegerin zu reisen und ein besseres Verständnis darüber zu erlangen, was heute vielleicht noch blockierende Glaubenssätze und destruktive Gedanken- und Handlungsmuster sind.

Wenn du deine innere Kriegerin mithilfe einer schamanischen Seelenreise erkunden möchtest, um ihren Zustand zu erfahren und bestehende Wunden in Heilung zu bringen, findest du am Ende des Buches eine Anleitung, der du folgen kannst. Solltest du Unsicherheit verspüren oder für dich noch keinen Zugang zur Anderswelt finden können, ziehe einen Schamanen zu Rate. Gerade wenn du das erste Mal mit schamanischer Arbeit in Berührung kommst, kann eine diesbezügliche Begleitung ratsam sein.

Innere Kindheilung

Sich der inneren Kindheilung zu widmen, ist in den letzten Jahren immer populärer geworden. Man hat erkannt, dass in der Kindheit viele Gedanken- und Handlungsmuster derart geprägt wurden, dass sie im Erwachsenenalter immer noch ihre Auswirkungen zeigen, positiv wie negativ. Da man als Kind jedoch eine andere Sicht auf die Welt hatte und die Wahrnehmung grundsätzlich anders ist als bei einem Erwachsenen, können sogar vermeintlich harmlose Geschehnisse ihre Spuren hinterlassen haben. Ein Kind sucht nach Liebe, Schutz und Geborgenheit. Werden diese essenziellen Bedürfnisse nicht gestillt, kann es zu traumatischen Erfahrungen und damit zu Abspaltungen kindlicher Anteile kommen. Jeder Mensch besitzt eine Vielzahl dieser innerkindlichen Anteile. So ist auch die kindliche Kriegerin ein Anteil, der vielleicht noch heute mit der Bewältigung entstandener Wunden kämpft. Das zieht der gereiften inneren Kriegerin natürlich einiges an Kraft und Energie ab. Es kann vorkommen, dass bestimmte Situationen die verletzte kindliche Kriegerin triggern und Verhaltensweisen lostreten, bei denen man sich wie auf „Autopilot" fühlt. Meist entsteht erst durch zeitliche Distanz ein Bewusstsein dafür, dass es das innere Kind war, das in diesem Moment das Steuer übernommen hatte. Letztendlich meldet sich die verletzte Kindkriegerin, um auf sich aufmerksam machen zu können. Sie will nicht mehr leiden, sondern ihre Verwundungen zeigen, in den Arm genommen und getröstet werden.

Was verletzt eine kindliche Kriegerin so sehr, dass sie auch Jahre später noch damit hadert? Wenn man sich die Aufgaben einer lichtvollen Kriegerin ansieht, können hier bereits Hinweise dafür gefunden werden.

Im Kindesalter zeigt sich die innere Kriegerin noch in ihrer ungefilterten, ausgelassenen und wilden Art. Das Toben mit anderen Kindern und spielerische Machtkämpfe lassen das kindliche Kriegerinnenherz höherschlagen. Werden diese Ausdrucksformen der inneren Kriegerin unterdrückt oder gar verboten, abgelehnt oder als falsch tituliert, können seelische Verletzungen entstehen, welche dazu führen, dass die innere Kriegerin diese Wunden selbst im Erwachsenenalter noch spürt. Einige ihrer lichtvollen Anteile kann sie sogar komplett abgespalten haben, sodass sie im Unterbewusstsein verschlossen wurden. Der Weg der inneren Kindheilung möchte dabei helfen, jene Verletzungen nun mit einem veränderten, erwachseneren Bewusstsein anzusehen und sie zu versorgen, damit Heilung geschehen kann. Werden die noch schmerzenden Wunden aus der Kindheit nicht behandelt, können sie verhindern, dass die innere Kriegerin sich frei und in ihrem vollen Potential entfalten kann.

Das innere Kind stellt genauso wie die innere Kriegerin einen Archetyp dar, mit welchem Kontakt aufgenommen werden kann. Der Kriegerinnenanteil ist ein Anteil des inneren Kindes, denn jeder besitzt mehrere innere Kinder, die für einen bestimmten unterbewussten Anteil stehen. Dieser Anteil wurde in der Kindheit positiv oder negativ geprägt und hat immer noch Auswirkungen auf heutige Gedanken- und Verhaltensmuster. Denn prägende Erlebnisse und unterdrückte Emotionen beeinflussen noch immer unbewusst Entscheidungen und Gefühle im Erwachsenenalter. Die innere kindliche Kriegerin besitzt ebenfalls ihre lichtvollen Züge und ihre Schattenseiten. Positive Momente führten in der Kindheit dazu, dass sich das sogenannte „Sonnenkind" entwickeln und stärken konnte. Freude, Liebe, Glück, Lachen usw. nährten es und noch heute profitiert die erwachsene innere Kriegerin davon. So konnten sich das eigene Selbstbewusstsein und die Fähigkeit, mit Herausforderungen fertigzuwerden (Resilienz), enorm stärken. Alle Erfahrungen von Schmerz und Enttäuschungen, welche nicht überwunden werden konnten, halten die innere Kriegerin in der Vergangenheit fest, was ihr Energie abzieht, die sie eigentlich bräuchte, um sich für ihre Herzensangelegenheiten einsetzen zu können.

Um den kindlichen Anteil der inneren Kriegerin zu heilen, ist es bedeutsam, sich mit der eigenen Vergangenheit auseinanderzusetzen, anstatt die vorhandenen Wunden zu leugnen, zu überspielen oder zu unterdrücken. Der Heilungsprozess kann erst dann beginnen, wenn die Wunde erkannt und angenommen wurde. Es braucht sicherlich Mut, dies zu tun und auch Zeit, um akzeptieren zu können, dass diese Verletzung existiert. Was in der Vergangenheit geschehen ist, ist geschehen und kann nicht mehr rückgängig gemacht werden. Was aber verändert werden kann, ist die heutige Sichtweise darüber. All die Gefühle, die das damalige Kriegerinnenkind hatte, wollen nochmal gefühlt werden. Damit einhergehend werden sich Glaubenssätze zeigen, die dadurch entstanden sein können, wie z. B. „Ich bin nicht gut genug", „Ich kann das nicht", „Ich verdiene es nicht." Die innere Kriegerin wird durch solche negativen Glaubenssätze, welche bereits in der Kindheit aufgrund von Verletzungen entstanden sind, enorm gehemmt. Destruktive Glaubenssätze in positive umzuformulieren, wird daher ein wichtiger Schritt sein, damit die innere Kriegerin erkennen kann, dass sie wertvoll, geliebt, stark ist und alles in dieser Welt verdient hat. Wenn also alte Wunden auftauchen, die Gefühle gespürt werden und der daraus entstandene negative Glaubenssatz erkannt wurde, kann aktiv ein Gegenpol geschaffen werden, z. B. in Form von „positivem Denken" und „Affirmationen".

Die innere Kriegerin schließt Frieden mit ihrer Vergangenheit, indem sie sich fürsorglich und liebevoll um sich selbst und ihren verletzten kindlichen Anteil, das Schattenkind, kümmert. Sie kann ihn trösten, ihm zuhören, ihn in den Arm nehmen und dazu ermutigen, alle Emotionen auszudrücken, die sich in der damaligen Situation angestaut hatten. Gleichzeitig soll das Sonnenkind in ihr gestärkt werden. Es gab bestimmt auch positive Momente im Leben der kindlichen Kriegerin, in welchen es keine Probleme gab, sie glücklich und zufrieden war. Diese Momente können immer wieder gefühlt, ähnlich wiederholt und so die eigenen Kraftquellen entdeckt werden. Wenn die innere Kriegerin lernt, mit ihrem kindlichen Anteil zu kommunizieren und zu arbeiten, wird sie ihre eigenen Bedürfnisse und Grenzen viel deutlicher wahrnehmen können. Jetzt können ihre Ziele auch klarer erscheinen, welche sie mit mehr Mut und Selbstbewusstsein angehen wird, wenn sie ihre Energie zurückholt, die noch in der Vergangenheit verweilt, um alte Wunden gedanklich und emotional zu umkreisen.

Meditation für das Solarplexuschakra

Die Kraft der inneren Kriegerin ist verbunden mit dem dritten Chakra, dem Sitz von Willenskraft und Mut. Im Alltag gibt es immer wieder Situationen, in denen die innere Kriegerin verletzt wird oder ihre Energie verliert. Um diese wieder auszugleichen, aufzufüllen und frisch zugefügten Wunden entgegenzutreten, hilft es ihr, sich mit ihrer Kraftquelle in Verbindung zu setzen. Die persönliche Auseinandersetzung mit dem Archetyp der inneren Kriegerin wird das dritte Chakra bereits stimulieren. Umgekehrt kann die Beschäftigung z. B. über Meditation oder Yoga mit dem Solarplexuschakra dabei helfen, die innere Kriegerin immer mehr zu erwecken.

Chakren sind Energiekörper, auch als sieben Energiewirbel bezeichnet, die sich auf der ätherisch-energetischen Ebene unserer Realität befinden. Sie sind anatomisch nicht nachweisbar und für das menschliche Auge unsichtbar, im menschlichen Energiefeld jedoch enorm wichtig, da sie die Energien wie farbige Räder immer wieder von außen nach innen und von innen nach außen bewegen. Jedes Chakra hat daher die Eigenschaft, Transformator (Empfänger) und zugleich Sender von Energie zwischen Körper und Geist zu sein. Jedes Chakra wird dabei einem physischen Bereich und speziellen Lebensthemen zugewiesen. Je besser die einzelnen Chakren zusammenarbeiten und die Lebensenergie im Fluss ist, desto wohler fühlt man sich in der eigenen Haut. Diese fließenden Energien sind auch notwendig, um Heilungsprozesse in Gang zu setzen.

Bezüglich der Archetypen besitzt jedes Chakra einen positiven sowie negativen Archetypus. Je nach Energiefluss in dem jeweiligen Energiewirbel, wird sich die Licht- oder Schattenseite deutlicher zeigen. Das Solarplexuschakra, das Energiezentrum des Archetyps der inneren Kriegerin, steht für die Themen Selbstbewusstsein, Identität, Persönlichkeit, Macht und Kontrolle. In der fernöstlichen Chakra-Lehre wird es als zehnblättriger Lotos in gelber Farbe dargestellt. Körperlich wird es zwischen den unteren Rippen und dem Bauchnabel verortet.

Ein blockiertes Solarplexuschakra kann die Folge negativer Erfahrungen in der Kindheit oder Jugendzeit sein. Gerade in dieser Zeit wird das eigene Selbstbild geprägt, hauptsächlich durch äußere Einflüsse der Familie, Freunde, Lehrer etc. Erst mit zunehmender Reife wird gelernt, sich eine eigene Meinung zu bilden und die eigene Identität unabhängig von äußeren Einflüssen zu entwickeln. Bestehen Blockaden in diesem Chakra, sodass die Lebensenergie der inneren Kriegerin nicht optimal fließen kann, zeigt sich dies durch eine „Opferhaltung", in der die Persönlichkeit als abhängig, bedürftig und nach Bestätigung im Außen suchend wahrgenommen wird. Sehr viel Energie wird gebunden durch immer wieder kreisende negative Gedanken, Emotionen, Zweifel an sich selbst. Steht die Lebensenergie in diesem Chakra nicht zur Verfügung, verstärken sich die Gefühle von Angst, man fühlt sich fremdbestimmt und die Kraft, um wichtige Projekte umzusetzen, fehlt. Ein ungutes Gefühl im Bauch, Magen- und Verdauungsbeschwerden, Antriebslosigkeit, Gleichgültigkeit, Kontrollverlust bis hin zur Identitätskrise sind Hinweise auf ein niedriges Energieniveau im 3. Chakra.

Folgende Fragen können dir dabei helfen, herauszufinden, ob ein blockiertes Solarplexuschakra verhindert, dass deine innere Kriegerin in ihre volle Kraft kommt, sodass dich Ereignisse des Alltages immer wieder in deinem Vorhaben zurückwerfen:

- Fällt es dir schwer, deinen Fähigkeiten zu trauen?
- Orientierst du dich oft an der Meinung anderer?
- Lässt du dich leicht zu Dingen überreden, die du eigentlich nicht tun möchtest?
- Willst du etwas in deinem Leben verändern, aber du fühlst dich zu schwach dafür?
- Fühlst du dich manchmal fremdgesteuert oder manipuliert durch andere Personen?
- Denkst du oft an deine Vergangenheit, welche eher negative Emotionen in dir hervorholt?
- Hast du körperliche Probleme im Magen-Darm-Bereich, obwohl du auf eine gesunde Ernährung achtest?

Befindet sich das Solarplexuschakra in Harmonie und Kraft, tritt die innere Kriegerin voller Mut und Vertrauen in Erscheinung. Sie lebt in und aus ihrer vollen Lebensenergie, tritt souverän und erfolgreich gegenüber anderen auf. Das Leben wird aktiver und bewusster gelebt, da sie jetzt all ihre lichtvollen Seiten für sich selbst und die Menschheit einbringen kann.

Durch eine Chakra-Meditation für das 3. Chakra wird dies gezielt wieder aktiviert und Blockaden können gelöst werden. Es gibt viele verschiedene Möglichkeiten, um zu meditieren. Mittlerweile werden zahlreiche geführte Meditationen online angeboten, welche dabei helfen können, in den Kontakt mit dem Chakra zu kommen. Mit etwas Übung und Gespür für die Energiezentren können auch spezielle Mantrarezitationen oder gezielte Handhaltungen (Mudras) mit eingesetzt werden. Grundsätzlich geht es während einer Chakra-Meditation darum, alle Aufmerksamkeit auf dieses Energiezentrum zu lenken und wahrzunehmen, welche Gedanken, Erinnerungen, Gefühle, Bilder, Themen zum Vorschein kommen möchten. Diese geben Hinweise darauf, was im Leben verändert werden sollte, um die Energie wieder ins Fließen bringen zu können. Auch werden angestaute Emotionen gelöst bzw. verarbeitet, sodass sie sich nicht auf negative Weise festsetzen können. Eine entsprechende Meditationspraxis kann der inneren Kriegerin daher auch präventiv helfen, ihr Energieniveau hochzuhalten.

Eine mögliche Meditation für das Solarplexuschakra, um präventiv gegen Energieverlust vorzugehen und Geschehnisse des Alltages besser verarbeiten zu können, findest du im praktischen Teil des Buches.

3.7 Herausforderungen für die innere Kriegerin

Die innere Kriegerin hat Power, und diese möchte sie in der Welt zum Ausdruck bringen. Ihre hohen Werte und Idealvorstellungen dienen ihr als Messlatte für ihr eigenes Handeln. Sie besitzt Ausdauer und verschreibt sich ihren Herzensprojekten mit Haut und Haaren. Erst wenn ihr Ziel erreicht ist, gibt sie Ruhe und lenkt ihre Energie und ihren Fokus auf neue Wege. Auf ihrem Weg kann dies durchaus zu Herausforderungen führen, denn ist die innere Kriegerin erwacht und herangereift, erkennt sie, dass nicht jeder in ihrem Umfeld ihre Motivation, Leidenschaft und Zielstrebigkeit teilt. Sie sieht sich vor die Herausforderung gestellt, trotzdem tolerant gegenüber jenen Menschen zu bleiben, die nicht ihren Weg mitgehen möchten oder können. Manchmal bedeutet dies auch, dass Menschen sich aus dem eigenen Umfeld verabschieden wollen, da sie die hohe Energie der inneren Kriegerin nicht mehr mittragen oder einfach an einem anderen Entwicklungspunkt im Leben stehen, der schwer damit vereinbar scheint. Nicht selten kommt es daher vor, dass eine Kriegerin ihren Pfad alleine gehen muss, vor allem dann, wenn die innere Kriegerin nicht bereit ist, tolerant und nachsichtig mit anderen Meinungen und Lebenswegen umzugehen. Entwickelt sie jedoch Empathie, Akzeptanz und die Fähigkeit, Frieden mit anderen Meinungen und Handlungen zu finden, erlangt sie die Stärke, andere mit ins Boot zu holen und in Gemeinschaft Kräfte zu mobilisieren, welche ihren Einsatz zusätzlich unterstützen.

Eine weitere Herausforderung für die innere Kriegerin zeigt sich, wenn sie sich ihrer Herzensmission noch nicht bewusst ist. Ihre Suche nach dem Seelenweg kann sie auf Abwege bringen oder dazu verleiten, sich der Mission anderer anzuschließen, auch wenn diese nicht vollständig den eigenen Werten und Idealen entspricht. Die innere Kriegerin kann zwar anfänglich den Drang verspüren, diesem Pfad zu folgen, wird aber nach einiger Zeit merken, dass sie sich nicht in ihrer Kraft fühlt. Wenn sie ihre kriegerischen Energien für die Ziele anderer einsetzt, erntet sie dafür zwar die Belohnung, z. B. durch Anerkennung, Status, Geld, doch wird sie diese Aufgabe weder innerlich vollkommen erfüllen noch ihr Kriegerinnenherz berühren. Diese innere Leere, die sie verspürt, können all die materiellen Güter nicht auffüllen. Geht sie für die Herzensprojekte anderer los, unterstützt sie diese zwar mit all ihrer Kraft, doch der innere Frieden wird sich niemals einstellen können.

Die innere Kriegerin sieht sich sehr stark mit ihren eigenen Wunden konfrontiert, da sie diese auch anderen zufügt, sollte sie nicht den Weg der Heilung gehen. Es ist für sie ein schmaler Grat, die eigenen Verletzungen zu akzeptieren und anderen Grenzen zu setzen, ohne sie zu verletzen. Ihre Energie und Stärke können dazu führen, dass sie unüberlegt und zu schnell handelt und über das Ziel hinausschießt. Auch unbewusst kann sie andere Menschen verletzen, wenn sie ihrer eigenen Angst vor Verletzungen nicht ins Auge blickt.

Heilt die innere Kriegerin nicht von alten Wunden, wird sie sich zunehmend ihren Schattenseiten hingeben und z. B. in primitiven Machtkämpfen verharren. Sie kämpft auf Kriegsschauplätzen, wo ein Sieg weder Mehrwert für ihre persönliche Entwicklung noch für die positive Transformation der Welt hat. Sie steht vor der Herausforderung, sich nicht unwichtigen Kämpfen hinzugeben und in jedem und allem einen persönlichen Angriff zu sehen. Auch sollte die innere Kriegerin lernen, dass sie nicht immer besser sein muss als andere. Ihre Wahrnehmung von besser oder schlechter, stärker oder schwächer entspringt ihrer persönlichen Wertung, welche gefärbt ist durch alte Wunden und daraus entstandene Glaubenssätze. Erkennt die innere Kriegerin, dass es in ihrem Leben nicht darum geht, um jeden Preis immer die Beste zu sein, sondern ihre Stärke und Macht für das Gute einzusetzen, ohne andere kontrollieren oder besiegen zu müssen, meistert sie die Herausforderung, ihre kriegerische Energie ausschließlich für egoistische Zwecke einzusetzen.

Eine weitere Herausforderung für die innere Kriegerin kann sein, dass sie sich zwar von Herzen für die in ihren Augen „Schwächeren" einsetzt und die Opfer beschützen möchte, sich jedoch bewusst oder unbewusst über sie stellt. Zwar ist sie mitfühlend und bestrebt, Gutes in die Welt zu bringen, doch ihre Art und Weise kann anderen gegenüber sehr bevormundend und enteignend sein. Die entscheidende Frage, die sich die innere Kriegerin hier stellen sollte, ist, ob sie in ihrer Position als Heldin für die Unterdrückten vor allem sich selbst in den Mittelpunkt stellen möchte, um z. B. anerkannt und geliebt zu werden. Oder ob sie durch Hilfe zur Selbsthilfe Menschen ermöglicht, in ihre eigene Stärke und Kraft zu gelangen, weil sie verstanden hat, dass diese Menschen nicht „schwach" sind, sondern ebenso die Fähigkeit und Anlagen besitzen, für sich und andere kämpfen zu können, wenn man ihren inneren Funken wieder entzündet bzw. sie an dieses innere Feuer erinnert.

4

Entdecke die Kräfte deiner inneren Kriegerin

Die innere Kriegerin entwickelt durch zunehmende Bewusstheit und verschiedene Reifeprozesse Tugenden und Fähigkeiten, die ihr bei der Umsetzung ihrer Mission helfen sollen. Dabei geht jede Kriegerin ihren ganz individuellen Weg. Die wohl herausragendsten Entwicklungsaufgaben der inneren Kriegerin sind das Kultivieren und Leben von Mut, Freiheit, Disziplin, Stärke und Liebe.

Entdecke diese Werte und Tugenden der inneren Kriegerin, um diesen Anteil in dir kennenzulernen und aus ihrer Kraft heraus dein Leben immer mehr zu bereichern.

4.1 Die mutige Kriegerin

Eine Kriegerin sieht sich in ihrem Leben immer konfrontiert mit Angriffen verschiedener Art. Solange sie noch ihre Schattenseiten auslebt, wird sie sich in einer Opferrolle befinden und nicht verstehen können, warum ausgerechnet sie ständig mit diesen Schwierigkeiten zu kämpfen hat. Mit dem Erwachen der inneren Kriegerin sieht sie darin keine Demütigungen mehr, sondern lernt, sie als einen Teil ihres Wachstums- und Entwicklungsprozesses anzusehen. Alles, was in ihrem Leben geschieht, passiert nicht gegen sie, sondern für sie. Denn mit der Zeit entwickelt sie immer mehr Mut, sich aufrecht hinzustellen und dem angreifenden Sturm standzuhalten. Sie lässt den Widerstand los und übernimmt die Verantwortung für ihre Lebenssituationen. Sie will sich nicht mehr klein machen, verstecken oder fliehen. Sie steht immer wieder auf und beginnt neu. Jeder Neuanfang bedeutet für sie, auch ein Stückchen mutiger geworden zu sein. Sie zeigt ihren Mut, ihre eigene Meinung kundzutun und ihre Grenzen zu setzen. Ihr Mut zur Wahrheit kann andere vor den Kopf stoßen, doch für sie ist es ein Akt der Wertschätzung, die sie anderen entgegenbringt. Sie weist vehement ab, was nicht ihren Bedürfnissen und Werten entspricht, besitzt aber auch die Courage, sich so weit zu öffnen, dass Verbindung mit anderen Menschen möglich ist. Sie hat gelernt, den Schmerz nicht mehr zu scheuen, sondern ihm ins Auge zu blicken, sobald er sich zeigt. Mut zeigt eine innere Kriegerin auch, wenn sie merkt, dass all ihre Bemühungen, ein gewisses Ziel zu erreichen, nicht funktionieren. Es erfordert dann den Mut, sich selbst einzugestehen, dass ein Weg nicht das gewünschte Ergebnis erzielt hat, ohne sich oder anderen anschließend Vorwürfe zu machen. Sie sieht die Lernprozesse, sie sieht den guten Willen und sie sieht ihren Mut, überhaupt erst losgegangen zu sein. All das empfindet sie als Schätze, die ihr niemand mehr nehmen kann.

4.2 Die freie Kriegerin

Die innere Kriegerin liebt ihre Freiheit. Doch nicht selten kostet das Bedürfnis nach Sicherheit genau diese. Auf dem Weg der Stärkung der inneren Kriegerin kann sie einige Kompromisse eingehen, um beides nicht zu verlieren. Nicht selten macht sie die Erfahrung, in einem goldenen Käfig zu sitzen, in dem es ihr eigentlich an nichts fehlt. Doch in ihrem Herzen fühlt es sich nicht richtig an, weil sie ihr großes Bedürfnis nach freier Entwicklung und freier Entscheidung beschneidet. In verschiedenen Situationen kann die innere Kriegerin lernen, wie es ist, vollkommen sicher zu sein, z. B. finanziell und beruflich, dafür aber wenig freie Wege gehen zu können. Auf der anderen Seite wird sie auch Erfahrungen der vollkommenen Freiheit machen, in denen materielle Güter fehlen können und sie mit ihrer Existenzangst konfrontiert wird. Es ist ihre Lernaufgabe, sich diesen Ängsten zu stellen und sich nicht zu sehr von außen beeinflussen zu lassen. Denn frei wird die Kriegerin dann, wenn sie sich den Urängsten von Bestrafung und Ausschluss aus der Gemeinschaft stellt. Diese Ängste sind vor allem in Frauen noch sehr präsent, wurde beides dazu benutzt, ihnen Schuld zuzusprechen. Wenn die innere Kriegerin erwacht, wird sie immer mutiger, sich auch von diesen Ängsten zu befreien. Denn sie hat erkannt, dass ihre persönliche Freiheit nicht zwangsläufig von äußeren Gegebenheiten abhängig ist, sondern ihren inneren Zustand widerspiegelt. Immer wieder wird sie sich in Situationen wiederfinden, in denen ihre Integrität getestet wird. In der Selbstreflexion erkennt sie, ob sie ihren Wert Sicherheit für ein durch Angst getriggertes Bedürfnis nach Sicherheit aufgibt. Je mehr sie sich von ihren angstgetriebenen Emotionen befreit, desto freier wird sie und kann dadurch anderen Angst machen. Sie dient zunehmend als Spiegel und als Projektionsfläche für andere, die diese Emotionen noch unterdrücken. Die innere Kriegerin hat gelernt, alles zu fühlen und zuzulassen, ohne sich davon komplett einnehmen zu lassen. Die Freiheit der Kriegerin bedeutet daher für sie, im Moment zu leben und ihrer Intuition zu folgen. Dann ist sie authentisch, sie selbst und somit völlig frei.

4.3 Die disziplinierte Kriegerin

Die innere Kriegerin weiß um die Wichtigkeit der eigenen Disziplin und schult diese entsprechend. Ihr diszipliniertes Verhalten befähigt sie dazu, ihrem Fokus treu zu bleiben und sich nicht in eine Opferhaltung eigener oder fremder Beeinflussungen zu begeben. Sie sieht Disziplin als eine ihrer wichtigsten Werkzeuge, um nicht vom Weg abzukommen. Daher übt sie täglich innerhalb verschiedener Bereiche ihres Lebens, wie sie diszipliniert handeln kann. Das bedeutet auch, eigenen Emotionen nicht die Macht zu geben, sie komplett für sich einzunehmen. Auch was das Körperliche betrifft, kann die innere Kriegerin dazu animieren, regelmäßig Sport zu machen, gesund zu essen, aber auch Pausen einzuhalten. Mit zunehmender Reife erkennt die innere Kriegerin, dass Disziplin absolut notwendig ist, um auf ihren gewählten „Schlachtfeldern" kämpfen zu können und Ziele zu erreichen. Sie weiß jedoch, dass diese Disziplin für sie arbeiten soll und nicht gegen sie. Es geht daher nicht um übertriebene Härte, sondern um kooperative, leidenschaftliche und konsequente Maßnahmen, die sie bei ihrer Mission unterstützen.

4.4 Die starke Kriegerin

Die innere Kriegerin schöpft vor allem dann aus ihrer vollen Stärke, wenn sie kongruent handelt. Das bedeutet, dass sie ihre Vorhaben so ausrichtet, dass sie mit ihrem Rhythmus, ihren Zielen und ihrer Energie im Einklang sind. Sie achtet ihre eigenen Bedürfnisse und Grenzen und setzt dadurch einen Rahmen, in welchem ihre Stärke wächst, statt geschwächt zu werden. Die innere Kriegerin sieht ihre Stärke vor allem darin, aus ihrem Herzen zu leben.

Die Botschaften, die sie daraus empfängt, sind für sie wichtige Wegweiser. Gerade weil ihr Herz stark ist, sie stark fühlt und auch mitfühlt, bewirkt sie etwas in der Welt hin zum Guten. Die innere Kriegerin zieht ihre Stärke aus der Liebe, die ihr entgegengebracht wird und aus welcher sie sich für andere einsetzt.

Ihre Stärke entwickelt sie im Laufe ihres Lebens durch Situationen, in denen sie Schmerz im Herzen fühlt, aber ihn nicht leugnet oder verdrängt. Sie zieht sich nicht mehr davor zurück, hat keine Angst mehr, ihn zu fühlen, sondern bleibt stehen, um das Geschenk dieser Erfahrung empfangen zu können. Die innere Kriegerin hat gelernt, dass sie sich auf ihre Stärken fokussieren muss. Etwaige Schwächen entwickeln sich dadurch von ganz alleine, weil sie nicht anders können, als von der gestärkten, lichtvollen Seite der Kriegerin zu profitieren. Eine Kriegerin gewinnt ihre Stärke nicht durch äußere Gegebenheiten oder starke Personen, sie kreiert sie selbst. Aber sie ist eine hervorragende Beobachterin und lernt schnell. Was bei anderen zur Selbstverstärkung hilft, dient ihr als Inspiration und Ansporn, auch ihre Stärken noch weiter auszubauen.

4.5 Die liebende Kriegerin

Die Liebe ist die stärkste und antreibende Kraft der inneren Kriegerin. Sie möchte das Leben schützen und setzt ihre Kraft dafür ein. Sie sieht das Mysterium in allem und fühlt in ihrem Herzen, wie beschützenswert dieses Leben ist. Liebe ist für sie nicht gleichzusetzen mit der Bedürftigkeit, geliebt zu werden. Wenn sie liebt, liebt sie aus vollem Herzen, nicht, um ein eigenes Bedürfnis oder jenes anderer zu stillen. Ihre Liebe ist aufrichtig und pur.

Wenn die innere Kriegerin in ihrer Entwicklung voranschreitet, löst sich Liebe immer mehr von Machtspielchen und Bedingungen. Sie muss nicht um Liebe kämpfen, sich dafür aufopfern. Ihr Interesse gilt nur noch der bedingungslosen Liebe, aufrichtig und ehrlich. Während die jugendliche Kriegerin darum kämpft, von vielen geliebt zu werden, weil ihre Angst vor Ablehnung und Ausschluss noch groß ist, braucht die gereifte Kriegerin nicht mehr das Gefühl, von allen geliebt zu werden. Liebe erhält immer mehr Qualität der Wertschätzung und Bedingungslosigkeit. Liebe verführt sie nicht mehr dazu, sich anzupassen oder darum zu betteln. Sie erkennt immer mehr die reine Natur der Liebe, die sich durch kein Geld der Welt und durch kein Versprechen erzwingen lassen kann. Eine innere Kriegerin lebt und agiert aus ihrem Herzen heraus. Daher lässt sie es auch niemals zu, dass ein anderer diese Liebe trüben könnte. Erfahrungen von Trennung, Verletzung und Schmerz schmälern niemals ihre Liebesfähigkeit. Ihr Herz ist heilig und somit auch die Liebe, die sie empfängt und weitergibt.

So, wie sie anderen ihre Liebe entgegenbringt, liebt sie auch sich selbst. Im Laufe ihrer Entwicklung meistert sie den Weg der Selbstliebe und erkennt, dass sie aus Liebe zu ihrer Seele nur den einzig wahren Weg gehen möchte, der damit in Einklang steht. Mit zunehmenden Erfahrungen lernt sie, ihre Schattenseiten zu lieben, wodurch sie ins Bewusstsein gehoben und integriert werden können. Ihre wachsende Selbstliebe verhilft ihr dazu, ihren Fokus immer mehr auf ihre Stärken anstatt auf ihre Schwächen zu lenken.

5

Die „kriegerischen“ Fähigkeiten in dir erwecken

Es ist der inneren Kriegerin ein großes Bedürfnis, ihre Fähigkeiten wirklich einzusetzen. Sie spürt aus ihrem Herzen heraus, dass sie sich für eine bestimmte Sache stark machen will. Kämpfen, schützen und verteidigen liegen ihr sozusagen im Blut. All das sind wichtige Eigenschaften, die dir helfen können, wenn du deine Mission in dieser Welt verwirklichen möchtest. Willst du z. B. ein Business starten, ein kreatives Projekt umsetzen, dich für deine Kinder stark machen, soziale Einrichtungen unterstützen etc., ist die innere Kriegerin einer der wichtigsten Archetypen, die in dir erweckt und gestärkt werden müssen. Eine innere Kriegerin würde sich langweilen und hinter ihren Möglichkeiten zurückbleiben, könnte sie sich nicht regelmäßig in gewissen Herausforderungen beweisen. Manchmal sucht sie regelrecht danach oder provoziert diesen Konflikt sogar, teils auch unbewusst. Jeder trägt den Anteil der inneren Kriegerin in sich, denn er ist der Teil in dir, der bei Gefahr sofort aktiv wird und in den Verteidigungsmodus wechselt. Da die innere Kriegerin ziemlich wild, aktiv, unberechenbar und bisweilen zerstörerisch sein kann, braucht es einen bewussten Umgang mit ihr. Je mehr du die kriegerischen Fähigkeiten in dir verstehen lernst, desto bewusster und fokussierter kannst du sie einsetzen - und zwar konstruktiv und gewinnbringend für alle Beteiligten.

5.1 Stärke deine Intuition

Eine besondere Fähigkeit der inneren Kriegerin ist ihre Intuition, der sie aufmerksam lauscht und aus der sie handelt, weil sie vertraut, dass jene dazu verhelfen wird, dem eigenen und dem Wohl anderer zu dienen. Unter Intuition wird das Bauchgefühl verstanden, das einem oft auch spontan eine Eingebung gibt in Form von „Ja, das ist richtig, folge diesem Weg“ oder „Nein, lass die Finger davon.“ Über die Intuition entsteht eine Verbindung zum Unterbewussten, welches Signale an die zwei weiteren Entscheidungsinstanzen, Herz und Kopf, aussendet. Die eigene Intuition kann auch bestimmte Gefühle hervorrufen, wie z. B. Freude, Energie, Leichtigkeit oder Ablehnung, Druck, Angst. Vielleicht kennst du solche Situationen, in denen dir etwas spontan klar wird, du jedoch keine logische Erklärung dafür parat hast? Das Geschehen und Wahrnehmen der eigenen Intuition ist wahrlich ein kreativer Prozess. Doch warum ist es für die innere Kriegerin so wichtig, ihrer Intuition zu folgen?

Jeder Mensch muss täglich eine Vielzahl von Entscheidungen treffen. Der logische Verstand wäre absolut damit überfordert, sich jedem einzelnen dieser Prozesse zu widmen. Daher laufen viele Entscheidungsmuster auf intuitiver, also unbewusster Ebene ab und werden rein über Emotionen gesteuert. Kognitionsforscher konnten herausfinden, dass der Mensch tatsächlich nur

10 % seiner Entscheidungen wirklich bewusst, vorsätzlich und logisch trifft. Doch dadurch, dass die naturwissenschaftliche Denkweise immer mehr in die Gesellschaft einzog, erfuhren die Menschen eine Trennung zwischen Körper, Geist und Seele. Das rationale Denken wurde immer mehr emporgehoben, als einzig wahre Entscheidungsinstanz, sodass viele Menschen wenig bis keinen Zugang mehr zu ihrer eigenen Intuition haben. Sie wird als unzuverlässig und nicht real verurteilt, was zur Folge hat, dass sie in eine esoterische Ecke geschoben wurde. Da es sich hierbei aber um eine wesentliche Eigenschaft der inneren Kriegerin handelt, zeigt sich ein sehr wichtiger Aspekt, der erst wieder freigelegt werden muss.

Kann ich meinem Bauchgefühl wirklich trauen? Ja die eigene Intuition kann dich zunächst verunsichern, weil dir beigebracht wurde, dass du ihr nicht vertrauen kannst. Hier liefert die Neurowissenschaft mittlerweile neue Erkenntnisse, welche die Intuition wieder mehr ins Bewusstsein rückt: Das Erforschen sogenannter Spiegelneuronen, welche sich in vielen Hirnarealen befinden. Dadurch konnten Wissenschaftler beweisen, dass intuitives Verstehen eine sehr wichtige Veranlagung von Nervenzellen in uns ist, um anderen Menschen mitfühlend und einfühlend zu begegnen. Sie sind es, die dabei helfen, gewisse Situationen intuitiv einschätzen zu können, andere Menschen und ihre Stimmung schnell zu scannen und Empathie zu entwickeln. Interessant hierbei ist, zu wissen, dass jene Spiegelneuronen sofort in Resonanz gehen, selbst wenn die Reize lediglich der eigenen Vorstellung oder Beobachtung entspringen.

Die eigene Intuition gibt die Befähigung, blitzschnell eine Vorhersage treffen zu können. Sofort wird klar, welche Handlungen und Gefühle einem Reiz gleich folgen können. Das Unterbewusstsein meldet sich sofort als Bauchgefühl zu Wort. So besitzen alle Menschen dieses Resonanzsystem, welches dabei helfen soll, dass man sich untereinander intuitiv verstehen kann. Durch Beobachtung einer anderen Person können so gleiche Nervenzellen aktiv werden, welche gerade beim Gegenüber aktiv sind. Dann empfindet man ähnliche Gefühle wie sein aktueller „Spiegel".

Bist du z. B. schon einmal selbst müde geworden, weil dein Gegenüber gähnend vor dir saß? Spürtest du eine Welle von Energie und Optimismus, wenn dein Gesprächspartner enthusiastisch von seinem Projekt erzählt? Intuition ist auch die erste Entscheidungsinstanz, die verkündet, ob ein Mensch ein möglicher Freund oder Partner sein könnte. Erst verzögert wird sich auch das Bewusstsein einschalten und die Möglichkeit einer Beziehung in Betracht ziehen. Die Intuition antizipiert sozusagen die Zukunft, sodass eine Entscheidung auf Basis von einsetzenden Gefühlen getroffen werden kann. Dabei ist Intuition nicht mit Instinkt zu verwechseln. Instinktiv werden schnell bestimmte Verhaltensprogramme abgespielt, ohne ein bewusstes Zutun. Intuition ist zwar genauso unbewusst, läuft aber vielschichtiger, spontaner ab und stellt eine Art Begabung dar, welche sich über die Lebenszeit hinweg weiterentwickelt. Instinkte jedoch nutzen bereits angeborene Fertigkeiten, die der gesamten Menschheit aufgrund ihrer Genetik innewohnen. Je mehr Erfahrungen jemand in seinem Leben gesammelt hat, desto intuitiver und verlässlicher werden seine Entscheidungen ausfallen.

Bedeutet das, dass die innere Kriegerin, wenn sie ihrer Intuition folgt, immer die richtigen Entscheidungen treffen wird? Nicht unbedingt. Es gibt Faktoren, welche die eigene Intuition beeinflussen können. Jeder besitzt bestimmte Vorstellungen und Vorurteile, welche die Bauchentscheidungen beeinflussen, da daraus bestimmte Erwartungen im Unterbewusstsein abgespeichert wurden, welche intuitive Entscheidungen sozusagen „einfärben". Die innere Kriegerin kann daher z. B. vom äußeren Erscheinungsbild einer Person geblendet werden und intuitiv etwas von ihr erwarten, wozu sie aber vielleicht gar nicht imstande ist. In der eigenen Vorstellung haben sich verschiedene Stereotypen festgesetzt, die zu bestimmten Schlussfolgerungen führen. Hat die innere Kriegerin schlechte Erfahrungen mit einem bestimmten Typ gemacht, positiv oder negativ, wird ihr ihre intuitive Entscheidung auch immer wieder dieses Bild spiegeln. Dies kann auch dazu führen, dass das eigene Selbstbild die Intuition beeinflusst. Daher ist es für die innere Kriegerin auch so wichtig, sich selbst zu reflektieren, ihre Erfahrungen zu machen und ihr wahres Selbst immer besser kennenzulernen. Dadurch wird sie auch ihre Fähigkeit der Intuition enorm stärken.

Ein weiterer Faktor, der ihre Kriegerinnenintuition schwächt, sind neue Situationen, wofür keine Erfahrungswerte vorliegen. Dies erzeugt Angst und diese kann zu falschen intuitiven Entscheidungen führen. Wenn es keine Erfahrungen mit neuen Herausforderungen gibt, treten vor allem die Ängste, Vorurteile und das Wissen über Stereotypen in den Vordergrund. Die feine Wahrnehmung des intuitiven Gefühls wird von panischen Gedanken übertönt. Die Spiegelneuronen können in Angstsituationen wichtige Signale nicht mehr empfangen und weiterleiten. Das Resonanzsystem funktioniert nicht optimal. Für die innere Kriegerin ist es daher wichtig, ihre Stressresistenz zu erhöhen, gezielt zu trainieren und ihre Gefühlssprache genau zu kennen.

Folgende Tipps können dir dabei helfen, die Intuition deiner inneren Kriegerin zu erwecken und zu stärken:

Lerne die Sprache deiner Intuition

Im Laufe der menschlichen Entwicklung (und vor allem durch den technischen Fortschritt) wurden dem Menschen viele Entscheidungen abgenommen. Heutzutage berechnen Computer, wie die eigene Gesundheit, der berufliche Werdegang und die sportliche Performance optimiert werden können. Intuitive Entscheidungen wurden dadurch nicht mehr gefördert und gefordert. Um die Sprache der Intuition wiederzubeleben, denn sie stellt ein tiefes Wissen dar, das immer noch bei jedem vorhanden ist, braucht es ein neues Gespür für die eigenen Gefühle und Reaktionen darauf. Die Sprache der Intuition ist daher die Sprache der eigenen Gefühle. Oft fehlen im Alltag die Ruhe und die Präsenz, die die verschiedenen Gefühlsregungen überhaupt spüren lassen. Rein rational ist es möglich, die einzelnen Etappen des Tages noch einmal Revue passieren zu lassen, aber können auch die einzelnen Gefühle benannt werden, welche all die Geschehnisse begleiteten? Hier können regelmäßige kurze Pausen über den Tag verteilt helfen, sich kurz mit der Innenwelt zu verbinden und zu spüren, wie es einem eigentlich gerade geht.

Stelle dir regelmäßig die Frage: Wie fühle ich mich gerade? Wenn du deine Check-Ins leicht vergisst, kannst du dich von deinem Handy daran erinnern lassen. Zumindest zum Abschluss des Tages wäre es wichtig, den Tag auch auf Gefühlsebene einmal zu reflektieren. Hier kann auch das Führen eines Tagebuches hilfreich sein, um den Gefühlen durch intuitives Schreiben auf den Grund zu gehen. Wenn die innere Kriegerin ihre Gefühlssprache wieder lernt, kann sie in unterschiedlichsten Situationen schneller und exakter Kontakt mit ihrem Bauch- und Herzgefühl aufnehmen, um wirklich gute Entscheidungen zu treffen.

Mit der Zeit wird die innere Kriegerin auch schnell spüren, wann sie in einer Abwehrhaltung ist, weil sie ein Gefühl gerade nicht zulassen möchte. Der Widerstand entsteht vor allem durch die vorher erfolgte Wertung, ob es sich nun um ein positives oder negatives Gefühl handelt. Wenn sie es schafft, das Bewerten der eigenen Gefühlswelt aufzugeben und ihr klar wird, dass ihre Gefühle der Schlüssel zur Intuition sind, werden ihre Entscheidungen und Handlungen auf einer stabilen Basis erfolgen. Sie ist die Expertin für ihre Gefühlssprache und lauscht aufmerksam, sobald sie sich bei ihr meldet, urteilsfrei und neugierig.

Doch nicht nur Gefühle können ein Indikator für intuitive Entscheidungsmomente sein. Auch der Körper reagiert in gewissen Situationen entsprechend positiv oder negativ. Die eigene Körpersprache zu verstehen, kann ein noch exakteres Bild von der eigenen Gefühlssprache zeichnen. Beobachte, welche Signale dir dein Körper in bestimmten Situationen sendet und von welchen entsprechenden Gefühlen diese begleitet werden. Bekommst du schwitzige Hände, wenn du dich unwohl fühlst? Spürst du, dass sich deine Muskeln verkrampfen, wenn du Angst hast? Wie fühlt sich eine gute intuitive Entscheidung an und wo im Körper nimmst du dabei etwas wahr? Werde auch hier zur genauen Beobachterin und ziehe ganzheitliche Rückschlüsse durch die Kenntnisse über dein emotional-physisches System.

Tauche regelmäßig in die Stille ein

Die innere Kriegerin bevorzugt Lebendigkeit, denn ihr wird schnell langweilig. Daher kann es vorkommen, dass sie gar nicht merkt, dass sie sich im Trubel des Lebens verliert. All die Lautstärke um sie herum dimmt ihre Wahrnehmung für ihre Intuition. Es geht nicht nur darum, die eigene Intuition aufgrund auftretender Gefühle zu hören, sondern noch mehr, ihr zu lauschen. Lauschen bedeutet dabei, auch die Botschaft des aktuellen Bauchgefühls zu erkennen. Sie möchte dir etwas sagen, das im aktuellen Moment von absoluter Wichtigkeit ist. Du kannst deine Intuition besonders gut stärken, wenn du dir bewusst Inseln der Stille in den Alltag einbaust. Wann gibt es dafür Möglichkeiten in deinem Tagesablauf? Die Morgen- und Abendstunden sind dafür besonders gut geeignet, da eine ganz besondere Energie zu diesen Zeiten herrscht. Steh z. B. eine halbe Stunde früher auf und genieße die Ruhe vor dem Sturm. Du kannst meditieren, intuitiv in dein Tagebuch schreiben, Atem- und/oder Yogaübungen machen, alles in Stille. Dann kehre wieder ein in deine innere Welt und lausche ein paar Atemzüge lang, was dir dein intuitives Gespür mitteilen möchte. Du kannst eine bestimmte Frage stellen, oder einfach hochkommen lassen, was sich gerade dir zeigen möchte.

Sei dir bewusst, dass du die Lautstärke im Außen auch oft sehr bewusst wählst, um dein Bauchgefühl nicht spüren zu müssen. Denn manchmal ist es so, dass sich die innere Kriegerin selbst belügt. Sie denkt, sie setzt ihre Mission in dieser Welt um, doch eigentlich befindet sie sich noch in der Komfortzone und redet sich schön, was eigentlich nicht ihrer persönlichen Vision entspricht. Vor allem in der Arbeitssituation spüren die meisten Menschen, dass ihnen ihre Intuition sehr deutlich sagt, dass sich dieser Weg gerade nicht mehr richtig anfühlt, doch das Bauchgefühl wird unterdrückt, weil der nächste Schritt Richtung Veränderung noch zu furchteinflößend ist. Ablenkungen (z. B. durch Konsum, Essen, Kommunikation, Medien) führen dazu, dass das Lauschen aktiv unterbrochen wird.

Überlege daher für dich selbst, wo du nicht hinsehen möchtest. Wann wählst du den Weg des geringeren Wiederstandes und dämpfst deine Intuition aktiv? Geh der Sache genau auf den Grund, denn manchmal können es auch unbewusste Muster sein, die sich bei dir abspielen, um einer Entscheidung ausweichen zu können. Hast du deine Ablenkungen herausgefunden, fahre sie radikal zurück und stelle dich deiner Gefühlssprache. Du bist eine Kriegerin und es ist der Anteil in dir, der mutig und zielstrebig in die Zukunft blickt und nicht davor zurückschreckt, sich die Wahrheit anzusehen.

Entlarve deine innere Kritikerin

Blockierend für die Intuition können destruktive Gedanken sein, welche die Kontrolle übernommen haben und zu rein rationalen Entscheidungen führen wollen. Jene Glaubensmuster, meistens abgespeichert in der Kindheit, nehmen Einfluss auf die Gefühle und verfälschen dadurch den intuitiven Moment. Der Kopf stellt sich über Herz und Bauch, sodass Entscheidungen sehr einseitig getroffen werden. Ist die innere Kriegerin zu sehr im Kopf, ist auch ihr Zugang zur Seelenabsicht blockiert. Sie kann die Stimme ihrer Intuition nicht mehr vernehmen, welche ihr die Seelenweisheit zukommen lassen möchte. Wenn der Verstand allein entscheidet, hat sich die innere Kritikerin gemeldet, welche jede Situation auf Basis der negativen Glaubenssätze beurteilt. Ihre Kritik ist einschüchternd, verängstigend und letztendlich hält sie die innere Kriegerin klein. Je bewusster die innere Kriegerin ihre Gedanken reflektiert und beobachtet (z. B. in einer Meditation), desto klarer kann sie erkennen, wann sie einer selbst erschaffenen Manipulation unterliegt und es an der Zeit ist, sich ihre Macht wieder zurückzuholen.

Die innere Kriegerin ist normalerweise sehr stark mit der Energie ihres dritten Chakras, dem Manipurachakra verbunden. Es befindet sich im Bereich über dem Bauchnabel und unter der Brust, dem sogenannten Solarplexus. Spürst du, dass dir der Zugang zur Intuition schwerfällt, kannst du dich bewusst mit diesem Energiezentrum verbinden, denn es steht auch für die Intuition, das Bauchgefühl. Visualisiere dir dort eine strahlende, goldene Sonne, die ihr Licht in alle Richtungen aussendet. Wenn du magst, massiere deinen Bauch liebevoll und lenke deine ganze Aufmerksamkeit in diesen Bereich deines Körpers. Sobald du merkst, dass sich deine innere Kritikerin wieder meldet und das Kommando über deine Gedanken übernehmen möchte, trittst du in Kontakt mit deinem Intuitionszentrum Bauch, indem du die Hände dort auflegst und kurz die Augen schließt. Spüre hinein, atme tief und bewusst. Hinterfrage die Botschaften der inneren Kritikerin, welche deine Intuition boykottieren möchte und mache ihr ein Angebot des Friedens. Höre dir ihre Meinung an und stelle dann die Frage an deinen Bauch: „Ist das wirklich wahr?“ Welche Position bezieht nun dein Bauchgefühl? Stimmt es zu, oder lehnt es die Entscheidungen der Verstandesebene ab? Entlarvt es die Wertungen, die deine innere Kritikerin mit einfließen lässt?

Bringe deine Entscheidungsinstanzen in Harmonie

Die innere Kriegerin sollte geschult darin sein, alle drei Entscheidungsinstanzen (Bauch, Herz und Verstand) zu benutzen. Intuition allein könnte, aufgrund von bereits benannten Beeinflussungen, nicht allein zielführend sein. Das Herz kann bereits klar mitteilen, was sich die Seele wünscht. Ohne den Einbezug des Verstandes können irrationale Entscheidungen getroffen werden, welche unvernünftig und schädigend sein können. Im Laufe der Reifung der inneren Kriegerin versteht sie, dass ganzheitliche Entscheidungen zu wirklich hilfreichen Handlungen führen können.

Auch im Gehirn sind Areale tätig, wenn es darum geht, intuitiv zu handeln. Während die linke Gehirnhälfte vor allem der Analyse, Logik und dem rationalen Denken dient, stellt die rechte Gehirnhälfte den Sitz von Kreativität, Gefühlen und der Intuition dar. Daher kann man erkennen, dass Intuition ein wahrlich kreativer Prozess ist, denn Bilder und Symbole entspringen diesem Teil des Gehirnes und können wichtige Informationen für eine Entscheidung liefern.

Das Herz spiegelt Sehnsüchte und Wünsche der inneren Kriegerin, wofür sie sich einsetzen möchte. Über das Herz verbindet sie sich mit sich selbst und mit anderen. Die Themen Selbstliebe und Nächstenliebe bilden einen Rahmen für anschließende Entscheidungen.

Die innere Stimme der Kriegerin befindet sich im Bauch und stellt den Ort der tiefsten Intuition dar. Hier erfolgt in der Regel der erste und schnellste Impuls auf einen äußeren Reiz.

Befinden sich alle drei Entscheidungsinstanzen in Einklang, kann die innere Kriegerin aus der Kraft ihrer inneren Weisheit handeln. Dann befindet sie sich im Einklang mit ihren eigenen und den Kräften des Kosmos, welche sie dabei unterstützen, sich für das Wohl aller einzusetzen. Bei der Verbindung der drei Entscheidungsinstanzen ist es wichtig, dass deren Energie harmonisch fließen kann. Ansonsten entsteht das Gegenteil zu einer klaren, intuitiven Entscheidung, nämlich Chaos.

Steht eine wichtige Entscheidung an, mit welcher du dich bezüglich deiner Kriegerinnenmission konfrontiert siehst, halte inne und suche zunächst die Stille. Durch Meditationspraxis kannst du diese Stille auch in dir finden, selbst wenn um dich herum alles laut und störend erscheint. Nimm zuerst Kontakt mit deinem Herzen auf und stelle die für dich wichtige Frage „Soll ich […]? Wird es gut sein, dass ich […]?“ Wie würde die Liebe dir darauf antworten? Lausche dieser Antwort und ziehe deine Erkenntnisse daraus. Verbinde dich anschließend mit deinem Solarplexuschakra, und stelle die gleiche Frage an deinen Bauch. Welche Seelenwahrheit wird dir hier vermittelt? Anschließend konzentrierst du dich auf deinen Kopf und hörst deinem Verstand zu. Verwechsle ihn nicht mit der inneren Kritikerin, sondern fordere klare und angstfreie, logische und wahre Gedankenbotschaften von deinem Geist ein. Betrachte all deine Erkenntnisse nun als ein Ganzes und spüre deine Emotionen, die sich dabei zeigen möchten. Fühlst du dich erleichtert und freudig? Oder kommen bei dir Sorgen und

Bedenken hoch? Ziehe dein Resümee aus dieser Innenschau. Das Aufschreiben in dein Tagebuch kann dir noch einmal sehr dabei helfen, die Zusammenhänge und Grundinformationen herauszufiltern.

5.2 Erkenne und schütze deine Grenzen

Für die innere Kriegerin ist es von großer Notwendigkeit, dass sie ihre eigenen Grenzen kennt und dafür sorgt, dass sie nicht überschritten werden. Gerade wenn die Kriegerin als Kind wenig Schutz durch ihr Umfeld erfahren hat, hat ihr Urvertrauen darunter gelitten. Dies kann dazu führen, dass sie sich ihr Gefühl von Sicherheit von außen holen und künstlich herstellen muss. Dadurch wird sie immer abhängig und leicht manipulierbar sein. Ein sehr wichtiger Schritt ist daher, die eigenen Werte und Bedürfnisse zu kennen, sodass sie auch nach außen hin beschützt werden können. Die eigenen Grenzen müssen verteidigt und kommuniziert werden, vor allem, da jeder Mensch unterschiedliche haben kann. Das bekannte „Fettnäpfchen" kann schnell betreten werden, wenn (ohne es zu wollen) die Bedürfnisse des Gegenübers nicht erkannt wurden. In schwerwiegenden Fällen geschehen sogar emotionale Verletzungen, welche tiefe Narben hinterlassen können. Bewusste oder unbewusste Angriffe in sozialen Situationen dürfen nicht einfach so hingenommen werden. Die innere Kriegerin ist aufgerufen, sich hier sehr klar auszudrücken und zu positionieren. Ungerechtigkeit, Wut und Ärger können sehr starke Indikatoren dafür sein, dass sich die innere Kriegerin gerade bedrängt oder gar bedroht fühlt. Wenn du als Kind nicht gelernt hast, zu dir selbst zu stehen und ohne Angst deine Grenzen anderen gegenüber zu ziehen, kann die Tür für Verletzungen weit geöffnet werden. Eine andere Strategie ist es, sich permanent als Opfer darzustellen, um von anderen verschont zu werden, oder eine Scheinharmonie aufrechtzuerhalten, unter der es meistens ganz gewaltig brodelt.

Stell dir vor, du errichtest eine Art energetischen Gartenzaun um dich herum, welcher anderen sehr klar erklärt, bis wohin du bereit bist, ihre Verhaltensweisen zu tolerieren und ab wann es für sie gefährlich wird. Du signalisierst deinem Umfeld sehr klar, bis wohin dein Gebiet geht und wann definitiv Schluss ist. Dein Tempel und dein Garten sind dein persönliches Reich, in welchem du dich besonders wohl und geschützt fühlst. Viele der eigenen Grenzen, welche das Selbstwertgefühl schützen sollen, entstanden erst durch verschiedene Erfahrungen mit anderen Menschen. Andere vor dem energetischen Zaun stehen zu lassen und ihnen den Zugang zum eigenen Reich zu verwehren, kostet Mut und Standhaftigkeit. Vielleicht hat man auch Angst, andere durch die Zurückweisung zu verletzen. Insbesondere dann, wenn es um Personen des näheren Umfeldes geht, welche man nicht vor den Kopf stoßen möchte. Dann fällt das Neinsagen besonders schwer und kommt nicht so leicht über die Lippen. Die innere Kriegerin fordert dich daher dazu auf, deine Prioritäten sehr gut zu überdenken und deine Grenzen ohne Kompromisse klarzustellen. Natürlich kannst du diese je nach Person variieren. Sicherlich wird dein Gebiet fremden Personen gegenüber weitläufiger abgesteckt sein als z. B. deinem Partner gegenüber. Doch die erste und essenziellste Frage sollte sein, ob du dir überhaupt im Klaren darüber bist, was du brauchst und beschützen möchtest. Denn Fakt ist, Grenzen zu setzen ist eine absolute Selbstfürsorge und entspringt der Energie von Liebe, deiner Selbstliebe. Wie sehr achtest und liebst du dich selbst, sodass andere nicht das Recht dazu haben, einfach über deine Grenzen hinwegzusehen? Auch für andere ist es sehr hilfreich, wenn du deutlich klarmachst, was du dir von ihnen wünschst und was sie bitte unterlassen sollen. Grenzen gehören zu einer authentischen Kriegerin dazu, wenn sie in ihrer Persönlichkeit und ihrem Handeln verstanden und geachtet werden will. Riskiere daher nicht, dass andere deine Grenzen aus Unwissenheit missachten und hole dir deine Macht und Selbstverantwortung zurück.

Finde deine persönlichen Grenzen heraus

Ähnlich wie bei deiner Intuition wirst du spüren, wenn deine Grenzen überschritten wurden. Gehe gedanklich zurück an jene Stationen in deinem Leben, in denen du dich verletzt, zurückgewiesen oder unwohl gefühlt hast. Spürtest du Wut, Angst oder Traurigkeit, weil du wusstest, dass gerade jemand in dein „Reich" eingedrungen ist? Was hättest du dir in diesem Moment eigentlich von dieser Person gewünscht? Was hättest du gebraucht? Formuliere das Gegenteil von dem, was geschehen ist, z. B. verletzende Worte – liebevolle Worte. Hast du eine Toleranzgrenze, in welcher sich bestimmte Menschen in gewissen Situationen bewegen dürfen? Schreibe am besten alles genau auf und erstelle dir einen exakten Plan über deine Grenzen.

Sprich über deine Grenzen

Erst wenn du deine gesetzten Grenzen anderen gegenüber kommunizierst, werden sie zu wirklichen Grenzen. Du weißt, dass jeder Mensch andere Toleranz- und Frustrationsgrenzen hat. Nicht immer kann man sich so empathisch in eine Person hineinversetzen, dass man deren Grenzen sozusagen „erraten" kann. Auch wenn bestimmte Körpersignale, wie Mimik und Gestik, die Körpersprache, schon Aufschluss darüber geben können, ob sich dein Gegenüber gerade noch wohl und entspannt fühlt, oder schon in Angriffsstellung geht, um die Grenze zu verteidigen. Umso mehr Erfahrungen die innere Kriegerin mit ihren eigenen und den Grenzen anderer macht, desto feinfühliger werden ihre Einschätzungen und Reaktionen ausfallen. Es kann gut möglich sein, dass es deine Mitmenschen vor den Kopf stößt, wenn du ihnen sehr klar zeigst, bis wohin sie sich bei dir bewegen dürfen. Hilfreich kann es sein, dass du der Person in die Augen siehst, evtl. sogar Körperkontakt aufnimmst, indem du sie z. B. an der Hand hältst, kurz an der Schulter berührst und eine Ich-Botschaft sendest. „Es verletzt mich, wenn du mich aus deiner Wut heraus anschreist“, „Ich fühle mich zurückgewiesen, wenn du mein Anliegen nicht ernst nimmst“ könnten Beispielsätze dafür sein, wie du aus deiner Perspektive erklären kannst, was gerade in dir vorgeht. Mache deine Gefühle transparent und sprich konkret an, welches Verhalten es ausgelöst hat. Wichtig ist, dass du der anderen Person keinen Vorwurf machst, sondern ihr in Ruhe erklärst, welche Grenze du hast und warum sie gerade überschritten wurde.

Äußere deine Wünsche

Du hast deine Grenze verbalisiert, was ein wichtiger erster Schritt ist. Beobachte die Reaktion deines Gesprächspartners. Kann er deine Grenze verstehen und annehmen? Sowohl für dich als auch für dein Gegenüber ist jetzt wichtig, zu wissen, was du dir stattdessen wünschst. Nur so wird klar, wie eine Grenzüberschreitung das nächste Mal verhindert werden kann. Daher ist die Vorarbeit so wichtig, damit du auch klar und ohne einzuknicken erklären kannst, was du wirklich brauchst. Auch in eher sachlichen Beziehungen kann dieser Weg des Aufzeigens von Grenzen sehr wichtig sein, um nicht ausgenutzt zu werden. Wer immer „Ja und Amen“ zu allem sagt und sich anschließend beschwert, dass ihm z. B. zu viel Arbeit aufgehalst wird, kann aktiv in die Kraft der inneren Kriegerin gehen und Schritt für Schritt lernen, mehr für die eigenen Belange einzustehen.

Verteidige deine Grenzen

Nun wird es immer wieder Menschen geben, die versuchen werden, deine Grenzen trotzdem zu umschiffen und dich überreden wollen, deine Toleranzgrenze mehr aufzuweichen. Stell dir deine innere Kriegerin vor, wie sie in ihrer vollen Kraft vor dir steht und sofort erkennt, wenn dich jemand wieder „einwickeln“ möchte. Bleib konsequent, denn einmal nachgegeben, ist deine Grenze nicht mehr glaubwürdig und wird nicht mehr ernst genommen. Es kann sein, dass manche Menschen länger brauchen, um deine Grenzen verstehen zu können und sie immer wieder darauf stoßen, bis ihnen klar ist, dass du wirklich Ernst machst. Vorausgesetzt, du bleibst klar ausgerichtet.

Sei konsequent

Nicht selten wird es vorkommen, dass Menschen deine Grenzen ignorieren oder gar missachten, weil sie sie aus ihrer Sichtweise heraus nicht verstehen und somit nicht akzeptieren können. Es ist wichtig, dass du für dich auch klar hast, wann der „Point of no return“ erreicht ist. Du willst nicht ewig diese Spielchen anderer mitspielen, deine Grenzen auszutesten. Ab welchem Zeitpunkt ziehst du bewusst die Reißleine? Sei bitte sehr ehrlich mit dir und reflektiere, wie sehr du unter diesen ständigen Grenzüberschreitungen leidest. Ja, es ist schwer und auch mutig, sich von Menschen zu trennen, sie loszulassen. Doch wenn jemand deine

Bedürfnisse permanent missachtet, solltest du dir auch die Frage stellen, ob und wie viel Respekt diese Person eigentlich vor dir hat. Frage dich auch gleichzeitig, wie viel Respekt du vor dir selbst hast und wann dein Verständnis für dein Gegenüber ausgereizt ist. Viele ziehen sich still und leise zurück, melden sich plötzlich nicht mehr und lassen den anderen mit Fragezeichen stehen. Auch hier gilt, aktiviere deine innere Kriegerin und zeige den Mut, dem anderen mitzuteilen, dass du jetzt eine Auszeit brauchst und warum. Eine Kriegerin steht zu ihrem Wort und verhandelt nicht mehr, sobald ihre Entscheidung getroffen wurde. Dadurch schützt du nicht nur dich, sondern auch die andere Person erhält Gelegenheit, aus dem eigenen Verhalten zu lernen und sich weiterzuentwickeln.

Übe in Alltagssituationen deine Grenzen zu kommunizieren

Du kannst deine innere Kriegerin tagtäglich trainieren, ein klares Nein zu Dingen hervorzubringen, die dir nicht guttun. Nicht immer muss es gleich eine Grenzüberschreitung in deinem engeren Umfeld sein oder eine große Auseinandersetzung mit einem Vorgesetzten. Lerne tagtäglich das Wort „Nein“ klar zu kommunizieren. Hier ein paar Beispiele, die du sofort umsetzen kannst:

- Aus allen dich umgebenden Medien schreien dir Negativnachrichten entgegen. Nein! Konsumiere nur jene Nachrichten, die gerade jetzt für dich relevant sind. Überlege dann, wie du einen Gegenpol schaffen kannst. Es ist wichtig, informiert zu sein über das Weltgeschehen. Überlege aber, ob es dazu notwendig ist, dir alle Nachrichtensendungen anzusehen und auch die Bilder dazu in dein System zu lassen. Es gibt andere Wege, um informiert zu bleiben, ohne deine Energie komplett runterzuziehen oder dich gar davon lähmen zu lassen. Du verschließt nicht die Augen vor den Geschehnissen, sondern nimmst sie dosiert auf und überlegst, ob du in diesem konkreten Fall in irgendeiner Form helfen kannst. Nicht immer wird das der Fall sein. Aber deine innere Kriegerin liebt es, Lösungen zu finden. Werde kreativ und setze einen Gegenpol. Niemandem ist geholfen, wenn Menschen aufgrund der Informationsflut negativer Nachrichten, und die meiste Zeit sind es leider solche, in Angst und Schrecken versetzt werden und dadurch nicht mehr handlungsfähig sind. Setze deine Grenze und werde gleichzeitig aktiv für das Gute.

- Menschen in deiner Umgebung sind nicht bereit, in ihre Verantwortung zu kommen? Stell dir vor, dein Partner hat gerade keine Lust, den Müll rauszutragen. Deine Kinder wollen lieber spielen als zum Essen zu kommen, das du gerade voller Liebe zubereitet hast. Du liegst gerade in der Badewanne und dein Chef ruft auf dem Handy an. Nein! Auch in kleinen alltäglichen Situationen kann ein klares Nein anderen aufzeigen, dass jetzt nicht der Zeitpunkt für eine Verhandlung ist. Du darfst sehr klar sagen, dass du in diesem Moment nicht bereit bist, das Verhalten deiner Mitmenschen zu tolerieren. Du wirst ihnen ihre Aufgaben aber auch nicht abnehmen. Akzeptiere die Grenzen der anderen, wenn es ihnen gerade gar nicht möglich ist, ihre Verantwortung zu übernehmen. Ziehe aber ganz klar deine Konsequenz und sprich an, was es mit dir macht und wie du jetzt handeln wirst. Sei kompromissbereit, wenn sich dein Gegenüber auch auf dich zubewegt. Nur dann kann aus deinem Nein ein Ja werden.

- Dein Chef, deine Kollegen, deine Mitarbeiter oder deine Kunden fordern mehr Arbeitseinsatz von dir, ohne dafür einen gewissen Ausgleich zu schaffen. Nein! Bespreche sehr klar, was für dich möglich ist, wo du Potential siehst und deine Energie hineingeben kannst und an welchen Stellen es dir nicht möglich ist, mehr zu leisten als zuvor. Gerade in Arbeitsbeziehungen kann es ein schmaler Grat sein, seine persönlichen Grenzen aufzuzeigen, ohne dass sich daraus eine Konfliktsituation entwickelt oder Machtkämpfe entstehen. Überlege daher, wie du dein Nein kommunizieren kannst – bestimmt, aber konstruktiv. Gleichzeitig wäre es sinnvoll, wenn du eine Option für ein Ja aufzeigst, also Umstände und Ideen anregst, die eine Mehrarbeit deinerseits ermöglichen könnten. Dadurch spielst du den Ball zurück und die andere Person kann eine Entscheidung treffen bzw. dein Angebot mit dir gemeinsam überdenken und konkretisieren. Ein Nein bedeutet auch immer gleichzeitig ein Ja. Wenn du Nein zu mehr Arbeit sagst, ist es gleichzeitig ein Ja für mehr Freizeit. Sei dir daher auch deiner Prioritäten sehr bewusst. Was zählt für dich mehr im Leben?

- Jemand schickt dir ständig Nachrichten auf dein Handy und erwartet deine sofortige Reaktion darauf. Nein! Kommuniziere auch hier klar, was du möchtest. Schreibe zurück, dass du gerade weder die Zeit noch das Interesse hast, diese Nachrichten zu konsumieren. Drücke klar aus, dass du jetzt Zeit für dich brauchst. Manchmal geht es nicht anders und du musst sogar Kontakte blockieren. Das ist dein gutes Recht, denn ungefragte Ratschläge, Werbung, Diskussionen und Beleidigungen musst du dir nicht zumuten. Reagiert jene Person nicht auf deinen freundlichen, aber konkreten Hinweis, schalte den Kontakt auf stumm oder eben ganz ab. In manchen Fällen kannst du ein Gegenangebot machen, wenn dir der Mensch besonders wichtig ist. „Lass uns lieber persönlich sprechen" oder „Gib mir bitte Zeit, um darüber nachzudenken" können in solchen Situationen helfen. Finde für dich den richtigen Ton, aber zeige klar auf, wann es dir reicht.

- Menschen unterhalten sich über andere und wollen dich in ihr Lästergespräch mit reinziehen. Andere erzählen dir ungefragt ihre Lebensgeschichte, ohne jegliches Interesse an deiner zu zeigen. Personen drängen dir ihre Meinung auf, interessieren sich aber nicht für deine. Nein! Spiele nicht die Verständnisvolle, wenn du kein Verständnis dafür hast, nur um von der anderen Person gemocht zu werden. Denke immer daran, dass es sich um deine wertvolle Lebenszeit handelt, die du der anderen Person gerade widmest. Ist es dir dieses Gespräch gerade Wert, dass du deine kostbare Zeit verschenkst? Nun hast du zwei Möglichkeiten: Beende das Gespräch, indem du dich klar positionierst und mitteilst, dass es für dich gerade nicht relevant ist. Oder lenke bewusst das Gespräch auf ein Thema, das dich brennend interessiert. Du hast immer die Möglichkeit, zu entscheiden, ob du aus dem Gespräch rausgehst oder einfach den Fokus veränderst. Rechtfertige dein Verhalten nicht, sondern stehe zu deiner Aussage: „Es tut mir sehr leid, aber mich interessiert das Thema nicht." Vielleicht kannst du aber eine Empfehlung geben für eine andere Person, die du kennst, welche sich brennend dafür interessieren könnte. Bemerkst du, dass sich ein Gespräch immer mehr um Probleme dreht, setze ein Stopp und stelle gute Fragen, welche sich auf die positiven Seiten des Lebens ausrichten. Eine innere Kriegerin hat gelernt, gut zu kommunizieren und Gespräche aktiv zu lenken.

- Du bist dafür bekannt, dass du gerne andere Menschen unterstützt und auch Hilfe anbietest. Doch es gibt Menschen, die deine Unterstützung permanent in Anspruch nehmen, ohne etwas zurückzugeben. Nein! Ja, es ist spirituell gesehen sehr löblich, bedingungslos anderen zu geben. Es ist auch eine soziale Verantwortung gegenüber Schwächeren, sich für sie einzusetzen, ohne eine Gegenleistung zu erwarten. Die innere Kriegerin weiß das und liebt es, von Herzen zu geben. Doch auch sie hat ihre Grenzen und vergibt sich nicht vollkommen, um am Schluss ausgelaugt, ohne Energie und Ressourcen dazustehen. Der Schlüssel ist wie so oft der Mittelweg. Auch Geben und Nehmen bedürfen einer harmonischen und ausgleichenden Beziehung. Du darfst jederzeit nein sagen, wenn du das Gefühl hast, dass eine Person permanent deine Hilfe in Anspruch nehmen möchte, aber selbst nicht bereit ist, dich zu unterstützen, wenn du es brauchen würdest. Auch kannst du ohne Begründung nein sagen, wenn du gerade absolut keine Zeit und Energie zur Verfügung hast. Geben macht nur Sinn, wenn es aus der Fülle heraus geschieht. Aus einem Mangel heraus zu geben, um dadurch die Fülle zu erwarten (z. B. um geliebt oder anerkannt zu werden), widerspricht den Werten einer inneren Kriegerin. Hier kann dir auch dein Bauchgefühl, deine Intuition sehr deutlich sagen, wann der Zeitpunkt ist, ein Nein auszusprechen oder Möglichkeiten für ein Ja aufzuzeigen. „Ich habe heute keine Kraft, keine Zeit, um dir zu helfen. Aber ich spüre, ich weiß, dass ich am [...] wieder für dich da sein kann." Formuliere solche Sätze nicht aus einem schlechten Gewissen heraus, weil du andere nicht verletzen willst oder Respekt vor ihren Konsequenzen hast, sondern weil es der Wahrheit entspricht. „Ich kann dir in diesem Fall leider nicht weiterhelfen" ist dein Statement? Dann bleib auch dabei und diskutiere nicht lange mit anderen darüber. Manchmal kann die Antwort auf eine Bitte nur ein Nein sein. Überprüfe immer deinen Willen, deine Bereitschaft und vor allem deine Grenze dahingehend.

5.3 Der Umgang mit eigenen und fremden Emotionen

Jede Emotion bringt ihre Nachricht für die innere Kriegerin. Sie versteht ihre eigenen Emotionen sehr genau und kann auch andere Menschen dahingehend „lesen". Diese Fähigkeit hat sie in ihrem Leben erlernt und trainiert. Verschiedenste Erfahrungen konnte sie sammeln, in unterschiedlichen Situationen, mit einer Vielzahl von Menschen. Nicht immer waren diese positiv für sie. Sie kennt auch die Dunkelheit, die schmerzvollen Emotionen, das Leid und die Traurigkeit, die Angst und die Enttäuschung, die Ablehnung und die Verzweiflung. Und gerade deshalb, weil sie alle

Facetten ihrer eigenen Emotionen und die der anderen durchlebt hat, weiß sie damit umzugehen. Gerade in jungen Jahren kann es für den Archetypen der inneren Kriegerin herausfordernd sein, all die Gefühle zu entdecken. Oft fühlt sie sich hin und her gerissen, weil sie in ihrer Persönlichkeit und Stärke noch nicht gefestigt ist. Folge ich meinem Herzen oder folge ich den Ratschlägen anderer? Die innere Kriegerin entwickelt sich daher mit der Zeit immer in dem Spannungsfeld zwischen ihrem Willen und dem, was andere denken, was sie wollen sollte. Nur die Erfahrung kann aufzeigen, welches Ergebnis ihre Entscheidung gebracht hat und was es für sie bedeutet. Emotionen werden zu ihrem wichtigen Entscheidungsmotor und sie erkennt, dass sie mehr Energie und Freude erhält, wenn sie sie zulässt, ihre Botschaften aufnimmt und nach ihrem Willen handelt.

Emotionale Wunden zu verarbeiten und zu heilen ist für die innere Kriegerin enorm wichtig. Tut sie es nicht, wird sie regelrecht ausgebremst. Diese Verletzungen ziehen ihr so viel Kraft und Energie, auch werden weitere Emotionen entstehen, die sie runterziehen. Die Folge ist, dass sie sich schuldig und wertlos fühlt, sich schämt, inneres Chaos vernimmt, rastlos umherirrt und letztendlich ihre Lebensenergie einbüßt. Doch sie wäre keine Kriegerin, wenn sie nicht wieder den Punkt finden würde, an dem sie aufstehen muss, um einen Ausweg zu finden. Nicht selten stellen derartige emotionale Krisen ein Erwachungserlebnis der inneren Kriegerin dar. Dann sieht sie hinter die Kulissen der Geschehnisse und erkennt, dass alle Erlebnisse für anstatt gegen sie geschahen. Sie entschlüsselt Stück für Stück die Botschaften und gibt nicht auf, bevor sie nicht verstanden hat, was all ihre Emotionen und Situationen sie lehren sollten.

Es besteht ein Unterschied zwischen Emotionen und Gefühlen. Eine Emotion, Energie in Bewegung, ist ein innerer Vorgang, der dir dabei hilft, mit verschiedenen Situationen umgehen zu können. Sie ist eine wortlose Sprache, die alle Menschen sprechen und daher sind Emotionen auch ein Kommunikationsmittel. Ein Gefühl ist dabei ein Bestandteil der Emotion. Zusätzlich involviert sind körperliche Reaktionen und auch bestimmte Denkprozesse. Am Anfang steht ein Gefühl wie Freude. Dieses löst bestimmte körperliche Symptome aus, wie z. B. Lachen, Kribbeln im Bauch, Wärme im Körper oder Herzklopfen. Der Verstand verbindet sich sofort damit und trifft eine Einschätzung dieses Gefühls. Er vergleicht diese Erfahrung mit bereits gemachten, interpretiert das Gefühl als positiv oder negativ und kommt anschließend zu einer Entscheidung, wie damit umgegangen werden soll. Da sich Emotionen sichtbar über den Körper ausdrücken, können andere Menschen diese über ihre visuelle Wahrnehmung ebenso einschätzen und darauf reagieren. Oft erzeugen die eigenen Emotionen auch Emotionen beim Gegenüber. Emotionen helfen dabei, sich schnell auf eine bestimmte Situation einstellen zu können, denn sie veranlassen den Körper zu Reaktionen, die dich in diesem Moment schützen und unterstützen sollen. Ohne Emotionen wäre der Mensch z. B. Gefahrensituationen hilflos ausgeliefert. Denn das Gefühl von Angst veranlasst im Körper eine Kettenreaktion, die sofort zur Flucht animiert und Kräfte freisetzt, die dies ermöglichen. Auch der Verstand wird messerscharf und es muss nicht lange überlegt werden, was als Nächstes zu tun ist - angreifen oder flüchten.

Für die innere Kriegerin ist ihr emotionales Bewertungssystem enorm wichtig, da es darüber entscheidet, ob sie den anstehenden

Kampf gewinnen wird oder nicht. Ein wichtiges Werkzeug der inneren Kriegerin ist ihr Wissen darüber, dass sie auf ihre Emotionen bewusst Einfluss nehmen kann. Denn wenn ein Gefühl bestimmte Körperreaktionen hervorruft und Gedankenprozesse anregt, ist es auch möglich, umgekehrt über den Körper die Emotionen zu verändern. Eine Kriegerin wählt daher gerne eine aufrechte Körperhaltung und atmet tief ein und aus, sollte sie z. B. Angst spüren, um sich wieder stärker und energetischer zu fühlen. An der Entstehung von Emotionen sind viele Areale im Gehirn und das Nervensystem beteiligt. Um deine innere Kriegerin zu stärken, ist daher die Arbeit an und mit diesen Systemen sehr wichtig, damit Flexibilität und Widerstandsfähigkeit aufgebaut werden kann.

Achte auf deine emotionale Gesundheit

Emotionale Gesundheit bedeutet für die innere Kriegerin, Emotionen annehmen und mit ihnen umgehen zu können. Leider wurde vielen Menschen von Kindheit an beigebracht, Emotionalität mit Schwäche gleichzusetzen. Die innere Kriegerin jedoch weiß, dass ihre wahre Stärke aus dem Herzen, dem Sitz der Emotionen, kommt. Was brauchst du konkret, wenn du in einer bestimmten Emotion bist? Für einen reifen und heilsamen Umgang mit diesen inneren Energiewellen ist es ziemlich wichtig, zu wissen, wie du dich selbst unterstützen kannst, sie durch dich durchfließen zu lassen. Was kann dir dabei helfen?

- tiefe und bewusste Bauchatmung
- Ruhe und Stille
- Gespräche über deine Emotionen
- Sport, dich auspowern
- Nähe, körperliche Streicheleinheiten

- Natur, Spaziergänge
- weinen

Bist du dir noch unsicher? Du könntest eine dir nahestehende Person einweihen, dir zu helfen, sobald du eine Emotion spürst. Sie kann dir in diesem Moment Fragen stellen, um mit dir herauszufinden, was dir guttut. Unterschiedliche Emotionen können unterschiedliche Bedürfnisse in dir wecken. Dein Umgang damit sollte sich jedoch so gestalten, dass sie nicht zur Unterdrückung führen, sondern dir dabei helfen, die Emotionen durch dich fließen zu lassen.

Lerne, deine Emotionen zu kommunizieren

Um über die eigenen Emotionen zu sprechen, braucht es ein entsprechendes Vokabular und eine genaue Wahrnehmung. Nicht immer kommt eine Emotion alleine, sondern es sind viele verschiedene, die sich abwechseln und unterschiedlich intensiv sein können. Sie in Worte zu fassen, damit sie einem anderen Menschen respektvoll und verständlich erklärt werden können, bedarf vielleicht zunächst ein wenig der Übung. Kennst du Situationen, in denen du Wut spürst und sie am liebsten rausschreien würdest? Es ist deine körperliche Reaktion, die sich auf das Gefühl der Wut einstellt. Wenn du allerdings deinem Gegenüber die Wut ungefiltert ins Gesicht schreist, kann dies sehr verletzend sein und auch Wut bei der anderen Person entstehen lassen. Klar ist, dass damit zunächst niemandem geholfen ist. Dann ist es auf jeden Fall vorzuziehen, die Emotion an einem anderen Ort rauszulassen. Willst du eine Emotion mit Empathie und Respekt ausdrücken, kannst du sie so detailliert wie möglich beschreiben. Sprich darüber, was sie ausgelöst hat, wo du sie in deinem Körper spürst, welche

Veränderungen du jetzt wahrnimmst und welchen Wunsch diese Emotion ausdrückt. Hast du Verknüpfungen zu vergangenen Erfahrungen, kannst du auch diese aussprechen, um vergleichen zu können zwischen der Situation jetzt und damals. Die eigenen Emotionen zu fühlen, kann überwältigend intensiv sein. Doch mit fortschreitender Praxis wird es immer leichter werden, Worte dafür zu finden, um ihnen Ausdruck zu verleihen.

Embodiment – Verkörperung des Bewusstseins

Körper, Geist und Seele bilden eine Einheit - und nicht nur das, auch das Umfeld beeinflusst das Wohlbefinden. Der inneren Kriegerin hilft es, ihre Emotionen auch bewusst körperlich auszudrücken und sogar zu beeinflussen. Der kognitionswissenschaftliche Ansatz des „Embodiment“ bedeutet „Verkörperung“ und erforscht die Zusammenhänge zwischen Psyche und Körper. Da Emotionen aus einer Verknüpfung von Gefühlen, Körpersignalen und Gedanken entstehen, zielt der Embodimentansatz darauf ab, diese gezielt über den Körper auszudrücken. Die sinnliche Wahrnehmung ist direkt mit Gedanken und Gefühlen verbunden. So können positive körperliche Anreize auch positive Auswirkungen auf die Psyche haben und umgekehrt. Die Basis, um mit deinen eigenen Emotionen arbeiten zu können, stellt daher eine bewusste Wahrnehmung des eigenen Körpers dar. Aufgrund von mangelnder Bewegung, Stress, Umwelteinflüssen und schlechter Ernährung kann das Gefühl für die eigene Physis gelitten haben.

Die innere Kriegerin ruft daher dazu auf, dass du deinen Körper wieder besser spüren lernst. Schenk ihm mehr Aufmerksamkeit und bewege ihn regelmäßig, am besten täglich. Wunderbare Methoden, um den Körper wieder intensiver zu spüren sind z.

B. Yoga, Autogenes Training, Progressive Muskelrelaxation und Massagen. Im Alltag können auch noch zusätzlich kleine Übungen mit eingebaut werden, um das Spüren zu sensibilisieren. Du könntest u. a. öfter barfuß laufen, um die Nerven in deinen Füßen zu aktivieren. Wie reagiert dein Körper auf heiß oder kalt? Eine schöne Möglichkeit ist auch das Tanzen, wodurch die Verbindung von Körper, Geist und Seele hergestellt wird. Lege dir deine Lieblingsmusik auf und drücke über deine Bewegungen die Gefühle aus, die mit der Musik einherkommen. Auch deine Mimik und Gestik kannst du mit einbeziehen und dir selbst mehrmals am Tag ein Lächeln schenken. Wunderschön befreiend kann es für dich sein, deine Arme weit zu öffnen, deine Finger zu spreizen und tief ein und aus zu atmen. Mithilfe dieser kleinen Schritte wirst du immer achtsamer für die Signale deines Körpers und die Entstehung deiner Emotionen werden. Durch diese bewusste Körperpraxis verringert sich das Cortisol in deinem Blut, welches dich (als Stresshormon) aus dem Gleichgewicht bringen kann. Manchmal spürst du erst durch diese kleinen Auszeiten, wie sehr du vorher eigentlich gestresst warst.

Jeder einzelne nimmt seine Umwelt anders wahr. Das Gehirn hat unterschiedliche Konzepte und Vorstellungen davon abgespeichert, welche durch körperliche Wahrnehmungen kreiert wurden. Über die Arbeit mit dem Körper kann der Zugang auf emotionaler Ebene gefördert werden. Probiere es selbst aus, indem du dich einmal gerade, aufrecht und mit geschwellter Brust hinstellst und danach mit gesenktem Kopf, eingeknickten Beinen und hängenden Schultern. Spürst du den Unterschied, wie du dich zuerst selbstbewusst und sicher fühlst, aber danach unsicher und gedemütigt? Auch dein Kälte-Wärme-Empfinden kann wichtig für dich sein, um deine Emotionen zu beeinflussen. Womit fühlst du dich wohler? Können dir Kältereize helfen, um dein Nervensystem widerstandsfähiger zu machen? Wirkt ein warmer Tee oder eine heiße Badewanne entspannend auf dich?

Eine bewusste Körperhaltung einzunehmen, um mentale Konzepte zu beeinflussen, wird als „Priming" bezeichnet. Willst du die positiven Eigenschaften deiner inneren Kriegerin stärken, gewöhne dir an, in eine entsprechende Körperhaltung zu kommen und deine Mimik und Gestik auszurichten. Dann bleibt dieser Archetyp nicht länger ein innerer Anteil in deinem Unterbewusstsein, sondern du verkörperst ihn auch nach außen hin. Ein weiterer positiver Aspekt dabei ist, dass es sogar möglich ist, Stress schnell zu reduzieren und die Selbstheilungskräfte anzuregen. Später im Buch erfährst du noch konkrete Körperhaltungen aus der Yogapraxis, welche deine innere Kriegerin lieben wird.

5.4 Sei stark und gleichzeitig flexibel

Eine Kriegerin entwickelt ihre Stärke gezielt. Sie feilt an ihren Fähigkeiten und Fertigkeiten, immer wieder, beharrlich und fokussiert. Weil sie ihre Stärken stärkt, schwächt sie ihre Schwächen. Sie bittet nicht darum, dass ihr etwas in den Schoß fällt, sie sorgt dafür, dass es geschieht. Sie nutzt die große Kraft der Visualisierung und folgt diesem inneren Bild ohne Unterlass. Sie hat viele Stärken, doch ihre wohl größte ist es, immer wieder aufzustehen und flexibel mit den Geschehnissen des Lebens umzugehen. Ihre Handlungen sind gezielt und überlegt. So einfach wirft sie der Sturm des Lebens nicht um, dafür ist sie nicht auf diese Erde gekommen. Weil sie weiß, wie wichtig ihre Stärke, aber auch gleichzeitig ihre Flexibilität ist, achtet sie sehr darauf, was sie geistig und auch physisch konsumiert und hält ihre Selbstachtung immer hoch.

Stärke deine Resilienz, das Immunsystem deiner Seele

Ursprünglich bezeichnet das Wort Resilienz einen Werkstoff, der nach einer Einwirkung von außen wieder in seine ursprüngliche Form zurückkehrt. Für deine innere Kriegerin bedeutet es, dass sie trotz Krisen immer wieder in ihre Mitte zurückfindet - und noch mehr: Sie sieht Krisen sogar als Chancen für ihr persönliches Wachstum. Bereits in der Kindheit werden die Anlagen für den flexiblen Umgang mit den Herausforderungen des Lebens gelegt. Doch es ist möglich, die eigene Widerstandskraft auch im Erwachsenenalter zu stärken, um unbeschadet aus schwierigen Lebenssituationen hervorgehen zu können.

Es gibt sechs Faktoren, die bestimmte Eigenschaften eines Menschen beschreiben, der Resilienz entwickelt hat. Hast du bereits welche davon entwickeln können?

1. **Akzeptanz:** Annehmen können, was mir widerfahren ist. Probleme und Krisen sind ein Teil meines Lebens, ich lehne sie nicht ab.

2. **Optimismus:** Ich versuche, auch in einer Krise das Gute sehen zu können bzw. ich fokussiere mich aktiv auf die Verbesserung des Zustandes, die Lösung des Problems und meine Hoffnung und Zuversicht.

3. **Selbstwirksamkeit:** Ich glaube an meine Fähigkeiten und meine Kompetenzen. Sie werden mir immer helfen, Probleme selbstständig lösen zu können und Krisen zu meistern.

4. **Eigenverantwortung:** Ich bin nicht das Opfer der Umstände. Ich gebe nicht anderen die Schuld für meine Situation, sondern handle eigenverantwortlich, um Lösungswege zu finden, selbst wenn ich ein Problem nicht verursacht habe.

5. **Netzwerkorientierung:** Mein soziales Netzwerk unterstützt mich in Krisenzeiten und ich frage gezielt nach Hilfe, wenn ich nicht mehr weiterweiß. Ich kann Unterstützung dankend annehmen.

6. **Lösungsorientierung:** Ich sehe die Chance einer Krise darin, gestärkter aus ihr hervorgehen zu können. Gezielt erforsche ich die Situation und reflektiere mich selbst, um die Lektionen für mich verstehen und lernen zu können. Ich scheue nicht davor zurück, neue Wege zu gehen, um Lösungen zu finden und umzusetzen.

Resilient zu sein bedeutet nicht, sich gegen alles, was da kommen mag, abzuhärten. Das wäre das Gegenteil von Flexibilität. Halse dir nicht noch mehr auf, um zu lernen, wie du stark und resistent wirst, sondern gib dir deine Phasen der Erholung, um wieder neue Kräfte aufbauen zu können. Die innere Kriegerin hilft dir dabei, dein Nein zu kommunizieren. Geh nicht über deine Grenzen der Kraft hinaus, sondern bewahre sie und baue sie auf. Es geht darum, nachhaltiger mit den eigenen körperlichen und psychischen Ressourcen umzugehen anstatt sie zu verbrennen. Wenn sich ein Problem in deinem Leben zeigt, heißt es nicht „Augen zu und durch! Ignorieren, was sich da zeigen will". Es bedeutet auch nicht, alles alleine lösen zu wollen. Jetzt ist genau das Gegenteil angesagt: Verringere dein Arbeitspensum, nimm den Druck raus, lege mehr Pausen ein, nimm keine zusätzlichen Aufgaben mehr an. Schaffe einen Gegenpol und integriere so viele positive Momente wie möglich. Nimm dir Zeit für ein gutes Buch, geh in ein schönes Restaurant, triff dich mit Freunden, mach einen Spaziergang in der Natur. Der eigene Körper macht es vor, denn Muskeln wachsen in der Ruhephase, wenn sie sich erholen. Genauso ist es mit der Resilienz, sie verbessert sich in der Ruhe und Selbstzuwendung. Nur dann besteht die Chance, gestärkt aus einer Krise hervorzugehen.

Stärke deinen Körper

Dein Körper ist der Tempel deiner Seele. Er signalisiert ganz klar, dass ihm gerade etwas nicht passt. Manchmal wird erst dann eine positive Veränderung herbeigeführt, wenn seine Signale schon sehr laut geworden sind. Den eigenen Körper zu stärken, ist für die innere Kriegerin ein großes Anliegen. Denn es geht ihr nicht nur darum, sich vor Krankheiten zu bewahren. Es gibt viele weitere wichtige Gründe, warum eine Kriegerin regelmäßig ihren Körper stärken sollte:

- In einem starken Körper sitzt auch ein gut funktionierendes Immunsystem. Dieses hält den Körper gesund, weil es Krankheitserreger sofort bekämpft.

- Ein starker Körper ist notwendig, um all die Wünsche umsetzen zu können, die sich dein Herz und dein Verstand ausdenken. Dann sind anstrengende Reisen oder längere Arbeitsphasen kein Problem mehr. Er wird alle Aktivitäten unbeschadet mitmachen können.

- Der Mensch besitzt nicht nur den physischen Körper, sondern auch einen emotionalen, mentalen und spirituellen Körper. Diese sind zwar unsichtbare, feinstoffliche Körper, aber dann sehr gut spürbar, wenn sie in ihrer vollen Kraft oder aus dem Gleichgewicht gekommen sind. Denn alle Körper des Menschen stehen miteinander in Verbindung. Ist der physische Körper stark und widerstandsfähig, hat das auch Auswirkungen auf deine emotionale und mentale Gesundheit, denn sie beeinflussen sich gegenseitig.

- Ein starker physischer Körper begünstigt auch deine spirituelle Entwicklung, da er höher schwingende Energien leicht aushalten kann. Ist der Körper krank, beschäftigt er sich hauptsächlich mit seiner Heilung und es steht weniger Energie zur Verfügung, sich um die spirituelle Entwicklung zu kümmern.

- Ist der physische Körper geschwächt, wird er anfällig für äußere Einflüsse. Umwelteinflüsse, Strahlung, Smog, toxische Personen, all diese Dinge können dem Körper viel leichter zusetzen. Je stärker der Körper, desto leichter prallen all die negativen Einflüsse von außen an ihm ab, weil sie keine Resonanzfläche mehr finden werden.

Jeder Körper ist individuell und reagiert anders auf stärkende Maßnahmen. Wähle daher solche für dich aus, die sich stimmig und richtig anfühlen. Zwinge dich zu nichts, das würde zusätzlichen Stress auf deinen Körper und Geist ausüben. Aber setze dir selbst kleine Ziele, für die du deinen Körper fordern musst.

Bewege dich regelmäßig

Finde deine passende Art der Bewegung, die deinen Körper zwar stärkt, wozu du dich aber nicht überwinden musst. Was bereitet dir Freude? Ist es Bewegung in der Natur oder spielst du lieber in einem Team, kannst du mit dem Fahrrad Strecken zurücklegen oder regelmäßig spazieren gehen? Du stärkst deinen Körper vor allem dann, wenn du ihn nicht unterforderst, aber auch nicht überforderst. Finde deinen Mittelweg und verlasse an manchen Tagen bewusst deine Komfortzone. Das stärkt nicht nur deinen Körper, sondern auch deinen Willen. Besonders wichtig ist für die innere Kriegerin ihr Herz, denn aus diesem agiert sie und setzt ihre Mission um. So kannst du dein Augenmerk auf dein physisches Herz legen, welches besonders durch Cardiotraining gestärkt wird. Schnelle Spaziergänge, Fahrradfahren, alles, was deinen Herzschlag beschleunigt und deine Atmung vertieft, ist ein perfektes Training für ein starkes Herz einer Kriegerin.

Finde deine passende Ernährungsform

Dein Körper ist ein wahres Wunderwerk und er nutzt die ihm zugeführte Nahrung, um sie direkt in Energie umzusetzen. Davon braucht eine Kriegerin reichlich. Es gibt viele verschiedene Empfehlungen, was die Ernährungsweise betrifft und einige davon versprechen, die beste für den Menschen zu sein. Doch aufgrund der Einzigartigkeit jedes Körpers sind auch die Bedürfnisse je nach

Alter, Geschlecht, Jahreszeit und Lebenssituation unterschiedlich. Was aber viele Ernährungsformen gemeinsam haben, ist die Empfehlung, viel frisches Obst und Gemüse zu verzehren. Vollwertige Nahrung, welche möglichst wenig verarbeitet wurde, enthält noch am meisten Lebensenergie, die der Körper aufnehmen kann. Vor allem Obst und Gemüse in roher Form besitzen noch die höchste Form an Lebendigkeit. Hier kommt es jedoch auch auf den Verdauungstrakt an, ob er diese Nahrung optimal verdauen kann. Gerade wenn der Darm daran gewöhnt wurde, überwiegend ballaststoffarme Kost zu verarbeiten, kann es anfänglich zu Unwohlsein kommen. Möchtest du mehr frische Nahrungsmittel in deinen Speiseplan einbauen, dann beginne langsam mit kleinen Portionen und steigere dich mit der Zeit. Beobachte über einen längeren Zeitraum die Reaktion deines Körpers darauf und auch, wie sich deine Energie verändert. Mit der Zeit wirst du spüren, ob du mehr Proteine, mehr Fett oder mehr Kohlenhydrate brauchst, um deinen Körper zu stärken. Auch hier gilt Balance, eine einseitige Ernährung würde den Körper auf Dauer eher schwächen statt stärken. Nicht zu vergessen ist eine ausreichende Flüssigkeitszufuhr. Phasen der Müdigkeit können nicht selten aufgrund von Dehydrierung kommen.

Lege Atempausen ein

Sauerstoffzufuhr ist zur Stärkung deines Körpers enorm wichtig. Du atmest ganz automatisch den ganzen Tag ein und aus, ein unbewusster, automatisierter Vorgang, der deinem Körper hilft, Sauerstoff aufzunehmen und Stoffwechselprodukte abzugeben. Mit jedem Atemzug reinigt sich dein Körper. Deine Atmung reagiert sofort auf deine Gefühle. Bist du entspannt, atmest du ruhig und tief. In Stresssituationen wird der Atem eher flach und schnell. Wie du schon erfahren konntest, kannst du aber dieses Wissen bewusst nutzen, um dich gezielt zu entspannen oder zu beruhigen. Wahre Stärke kommt nämlich nicht daher, immer in Aktion zu sein. Alle deine Körperfunktionen brauchen die Entspannung, um ihre Stärke erst aufbauen zu können. Nutze daher eine tiefe und lockere Atmung, um bewusst Anspannungen im Körper abzubauen und das vegetative Nervensystem zu beruhigen. Auch dein Herzschlag und der Blutdruck werden positiv beeinflusst. Stresshormone werden reduziert, sodass sich deine Muskulatur lösen kann.

Es gibt viele Vorgänge in deinem Körper, die du nicht oder nur teilweise willentlich beeinflussen kannst. Doch bei der Atmung funktioniert es sehr gut. In dieser hektischen Welt, in der sich die Kriegerin bewegt, ist ihre Atmung ein wichtiger Schlüssel, um schnell wieder zu sich zurück finden zu können. Beobachte deine Körpersprache während des Tages. Wann ist dein Kiefer angespannt und deine Atmung flach, wann sind deine Schultern hochgezogen? Dies sind typische Warnsignale dafür, dass dein Körper gerade mit Stress zu kämpfen hat. Viele Menschen haben das richtige Atmen verlernt, doch es ist jederzeit möglich, die Atmung wieder bewusster einzusetzen, um den Stresspegel gezielt abzubauen. Das Gute daran ist, dass regelmäßig angewandte Atemtechniken einen derart positiven Effekt auf den Körper haben, dass sie medikamentöse Behandlungen (z. B. bei leichten Schlafstörungen, nervöser Unruhe) oder andere kostspielige Behandlungen zur Entspannung des Körpers ersetzen können.

Der erste Schritt ist bereits getan, wenn du tagtäglich deiner Atmung mehr Aufmerksamkeit schenkst und dich immer wieder daran erinnerst, tief in den Bauchbereich zu atmen. Oft fließt der Atemzug nur in den Bereich Kehle und Brustraum, doch die Lungenspitzen reichen bis in den unteren Bauchbereich hinein, der sich wohlig ausdehnen darf. Zu enge Kleidung kann dabei hinderlich sein. Um noch bewusster zu atmen, können Techniken wie Qigong oder Yoga erlernt werden. Hier werden Körperübungen und Atemfluss natürlich in Einklang gebracht.

Diese Tipps können dir zusätzlich helfen, achtsamer zu atmen:

- Atme direkt nachdem du am Morgen aufgestanden bist ein paar Minuten tief ein und aus. Am besten frische Luft bei geöffnetem Fenster. Lege dafür eine Hand auf deinen Brustkorb, die andere auf deinen Bauchbereich und spüre, wie die Luft durch die Nase ein- und wieder ausströmt. Bauch und Brustkorb heben und senken sich im Rhythmus deiner Atmung. Du kannst zum Abschluss gerne noch drei tiefe Atemzüge über die Nase nehmen und tönend über den Mund ausatmen. Bereits durch diese paar Minuten bewusster Atmung reduzierst du das Stresshormon Cortisol, das am Morgen besonders hoch ist.

- Wenn du dich in einer stressigen Situation wiederfindest, aktiviere dein Wissen, dass du über deine Mimik, Gestik und Körperhaltung direkt entgegensteuern kannst. Lockere deinen Kiefer, kreise die Schultern, richte deine Wirbelsäule auf und lass dein Gesicht wieder weich werden. Atme tief und bewusst in den Bauchraum bis du das Gefühl hast, stabiler und wacher zu sein. Nimm dir diese kurze Atempause auch, bevor du in eine bestimmte Handlung gehst. Denn wenn du noch in der Emotion von Wut und Ärger bist, oder Stress dich zu sehr ausgelaugt hat, können deine Taten dadurch beeinflusst werden. Damit du klarer und gelassener reagieren kannst, lasse zunächst den Druck und die Anspannung über die Atmung aus deinem Körper.

- Lasse dich regelmäßig von deinem Handy daran erinnern, eine Atempause einzulegen. Vielleicht stündlich oder zumindest dreimal am Tag. Während deiner Atemübung sollte das Handy jedoch auf Flugmodus sein, damit du ungestört praktizieren kannst.

5.5 Innere und äußere Schönheit einer Kriegerin

Der inneren Kriegerin ist es ein Bedürfnis, Schönheit in die Welt zu bringen. Sie ist eine wahre Alchemistin, denn es gelingt ihr, selbst negative Erfahrungen in ein Geschenk der Schönheit zu verwandeln. Kreativität ist eine ihrer Waffen, womit sie immer wieder Neues in die Welt bringt und andere damit verzaubert. Sie sorgt aktiv dafür, ihre innere und äußere Schönheit zu bewahren. Es liegt natürlich im Auge des Betrachters, was schön ist und was nicht. Eine Kriegerin hat ein klares Bild für sich gefunden und geht dafür los, es in die Realität umzusetzen. Ihr Sinn für Ästhetik bildet sich dadurch aus, dass sie einen klaren Blick auch auf das Hässliche hat. Sie hat erkannt, dass das Unschöne in dieser Welt nicht abgelehnt, sondern ebenfalls angenommen und geliebt werden sollte. Nur dann ist sie dazu in der Lage, Schönheit zu erkennen, zu würdigen, zu achten und selbst zu kreieren.

Die innere Kriegerin fordert dich dazu auf, deine Schönheit wahrzunehmen und zu zeigen. Sie erlaubt sich selbst, hell in dieser Welt zu leuchten. Es kann sein, dass sich andere dadurch klein fühlen, wenn sie ihre Größe wahrnehmen. Im Rückschluss bedeutet dies jedoch nicht, sich selbst wieder kleiner zu machen, damit andere sich größer fühlen. Für eine Kriegerin handelt es sich hierbei nicht um ein Machtspiel („Wer ist schöner als die andere?"). Es ist ihr innerstes Bedürfnis, ihr volles Potential zu leben und in die Welt zu bringen. Dazu gehören auch ihre innere und äußere Schönheit. Liebe ist für sie pure Freiheit, daher würde sie ihr Licht niemals unter den Scheffel stellen, um von anderen geliebt zu werden.

Ihr Sinn für Schönheit kommt auch aus der Beobachtung der Natur und des Lebens. In der Natur fühlt sie am stärksten, dass sie sie selbst sein kann. Inmitten dieser Schönheit und Fülle lädt sie ihre Energien auf. Missgunst und Neid sind ihr fremd, da sie durch die Natur gelernt hat, dass all die schönen Blumen nebeneinanderstehen dürfen, jede in ihrer Pracht und Besonderheit. Sich mit anderen Frauen zu vergleichen, sich dadurch zu bewerten als schöner oder hässlicher, würde ihr ihre Würde nehmen. Ihren Schwestern würde sie niemals das Gefühl geben, weniger schön zu sein, als sie selbst. Jede Kriegerin nimmt ihren ganz eigenen Platz ein und erstrahlt in ihrem Glanz. Wertungen jeglicher Art könnten der natürlichen Schönheit niemals gerecht werden.

Wenn deine innere Kriegerin erwacht, kann es sein, dass du dich selbst von einer ganz neuen Seite kennenlernst. Vielleicht hast du plötzlich das Bedürfnis, deine Frisur zu verändern, deinen Kleiderschrank neu zu sortieren, ein neues Make-up auszuprobieren oder auch komplett zu deiner natürlichen Schönheit zurückzukehren.

Sie kann dich dazu auffordern, deine innere Schönheit zu pflegen und genau hinzusehen, wenn du Vorurteile gegenüber anderen hast. Sie wird dir Möglichkeiten aufzeigen, wie du Schönheit kreieren und in die Welt bringen kannst, auch wenn du denkst, dass dies irrelevant sei. Mit der Zeit wirst du immer mehr spüren, dass Schönheit nicht oberflächlich ist, sondern regelrechte Medizin für die Seele.

Weil eine Kriegerin weiß, dass ihr Körper ihr wichtiges Gefährt in diesem Leben ist, liebt und pflegt sie ihn auch entsprechend. Sie hinterfragt kritisch ihre eigene Körperwahrnehmung und das durch Medien vermittelte Schönheitsideal. Sie schenkt vor allem sich selbst den Glauben und die Liebe, die ihr Körper benötigt. Ihr Körper ist ihr heilig, daher entwickelt sie immer mehr Selbstliebe für ihn und ist dankbar für alles, was er für sie leistet. Immer mehr löst sie sich von der Überbetonung eines bestimmten Körperideals und erkennt, dass ihr Körper für sie genau perfekt ist. Sie fühlt sich schön und wohl in ihrem Tempel und zeigt dies auch gerne. Jedoch würde sie ihren Körper niemals als Waffe benutzen, um etwas Spezifisches erreichen zu können.

„Wahre Schönheit kommt von innen", lautet ein gängiges Sprichwort, welches aufzeigen möchte, dass Schönheit mit der Persönlichkeit und Ausstrahlung beginnt und das Äußere dann darauf reagiert. Gemeint ist damit vor allem ein guter Charakter, welcher aufzeigt, dass jemand Gutes tut, anderen seine Liebe schenkt und mit sich selbst und der Umwelt im Einklang ist. Solange diese innere Schönheit einer Kriegerin nicht gepflegt wird, wären alle Versuche, die äußere Schönheit zu verbessern, lediglich eine unbelebte Maske. Die innere Kriegerin möchte dir daher die Botschaft bringen, dich zuerst innerlich zu pflegen und deine Schönheit zum Vorschein zu bringen, damit dadurch deine äußere Schönheit voll erstrahlt.

Hilfreich kann es für dich sein, dir in regelmäßigen Abständen eine Auszeit für die Pflege deiner inneren Schönheit zu reservieren. In dieser Zeit gönnst du dir Dinge, die deine innere Schönheit zum Erblühen bringen, wie z. B. schöne Musik, spirituelle Lektüre, Meditation, Affirmationen, Tagebuch schreiben. Du kannst dir auch jeden Tag vornehmen, mindestens eine Tat zu vollziehen, in der deine innere Schönheit zum Vorschein kommt. Schenke anderen ein Lächeln, unterstütze jemanden in Not, höre aufmerksam und interessiert zu, umarme aus voller Liebe, teile mit anderen etc. Die Affirmation „Ich entwickle meine innere Schönheit" kann dich immer wieder daran erinnern, auf deinem Weg zu bleiben. Priorisiere daher zunächst deine innere Transformation und beobachte, welche Impulse daraufhin folgen wollen, um deine äußere Schönheit noch mehr zu zeigen.

5.6 Einsatz für das Gute in der Welt

Die erwachte innere Kriegerin folgt ihrer Mission, sich für das Gute in der Welt einzusetzen. Eine Mission ist der Kern jeder einzelnen Lebensgeschichte. Ohne diese gefunden zu haben, erscheint das Leben oft leer und ohne Sinn. Doch viele fragen sich, was denn nun ihre Aufgabe auf der Erde sei? Die Suche beginnt und führt an alle möglichen Orte und zu verschiedenen Personen. Manchmal glaubt man, es zu wissen, um im nächsten Moment wieder mit einem Fragezeichen auf der Stirn zu sehen, dass es das doch nicht gewesen ist. Diese Desillusionierung ist wichtig, um immer weiter zu diesem Kern der eigenen Lebensgeschichte vordringen zu können. Denn alle Illusionen schälen sich Schicht für Schicht ab und viele davon sind gar nicht die eigenen.

Die innere Kriegerin ruft dich dazu auf, deine eigene Geschichte zu schreiben. Du bist Autorin und Heldin gleichermaßen und folgst diesem roten Faden in deinem Leben, der deine Mission markiert. Wer keine Mission hat, hat auch keine Ziele und irrt vielen Wegen nach, um danach wieder an den Ausgangspunkt zurückzukehren und zu merken, dass es die falsche Richtung war. Eine Mission ist ein Kompass, der die Richtung im Leben vorgibt und dadurch auch hilft, gute und zielgerichtete Entscheidungen zu treffen. Warum so viele ihre Mission nicht kennen? Es kann daran liegen, dass die eigenen Werte nicht klar sind, weil sie unreflektiert von anderen übernommen wurden. In der Kindheit ist dies ganz normal, um sich zunächst die Welt erklären zu können. Doch es kommt der Zeitpunkt, an dem sie sich nicht mehr richtig anfühlen und eine Neuausrichtung ansteht.

Folgende Fragen können dir zunächst helfen, deine Mission klarer sehen zu können:

- Was willst du in deinem Leben konkret erreichen?
- Wovon träumst du schon seit langer Zeit?
- Lebst du nach einem bestimmten Lebensmotto?
- Zu welchen Themen fühlst du dich besonders hingezogen?
- Was hast du als Kind bereits besonders gerne gemacht?
- Hast du bestimmte Ziele im Leben, die du erreichen willst?
- Was würdest du gerne anderen Menschen mitgeben?
- Was hast du im Laufe deines Lebens bereits gelernt?

- Wofür brennt dein Herz?
- Welche Werte sind dir in deinem Leben am wichtigsten?

Vielleicht wirst du durch die Antworten auf diese Fragen noch nicht konkret die Mission deiner inneren Kriegerin verstehen, aber sie können dir bereits eine Richtung aufzeigen und helfen, deinen Fokus auszurichten. Um deine Mission zu leben, brauchst du all deine Energie für die Umsetzung. Solange du von einer Idee zur anderen springst, verstreust du diese überall, aber richtest sie nicht konkret auf deine Ziele aus. Schreibe dir daher ganz klar auf, was du dir und anderen Menschen, auf Basis deiner Werte, geben möchtest. Lasse immer mehr Dinge wegfallen, die dir nicht so wichtig vorkommen und orientiere dich immer an deinem höchsten Wert. Er wird sich herauskristallisieren in deiner Reflektion über dein Leben, deine Erfahrungen, die Menschen in deinem Leben, deine Talente, deine Bedürfnisse, Wünsche und Ziele. Dann kannst du deine Mission in einem Satz, voller Klarheit, formulieren: „Ich will […].“

Jede Mission ist wichtig, denn du wirkst immer auf andere, auf die Welt ein, egal wie groß oder klein deine Mission erscheinen mag. Es könnte auch sein, dass deine Mission im Kleinen beginnt und zu einer größeren heranwächst. Sieh deine Mission nicht als starres Konstrukt, sondern als lebendigen Prozess an. Du gibst dein Wort, dass du ihr folgst, bist aber gleichzeitig offen für Veränderungen bzw. Entwicklungschancen. Jeder Mensch auf dieser Welt hat ein Geschenk für diese, ob im persönlichen Umfeld oder global, es wird immer eine Auswirkung haben.

Manchmal gibt es Kriegerinnen, welche durch ein besonders schmerzvolles Ereignis erwachen und ihren Auftrag in der Welt gerade dadurch erkennen, dass sie die Botschaft dieses Schmerzes verstanden, ihn gemeistert und positiv transformiert haben. Du kannst daher auch über das Reflektieren deiner bereits erfolgten eigenen Heldengeschichte einen Zugang zu deiner Mission erhalten. Du bist den Weg bereits gegangen, dein Schmerz war dein Wegweiser in ein neues, anderes Leben und es gibt sicherlich viele Menschen, die gerade an einer Stelle stehen, an der du bereits warst. Könnte es also deine Mission sein, ihnen genau dann dabei zu helfen, den nächsten Schritt gehen zu können? Kannst du deinen Mitmenschen dabei helfen, ihre Perspektive auf das schmerzvolle Ereignis verändern zu können und wieder in ihre Kraft zu kommen?

Die innere Kriegerin stellt dich nun vor diese Aufgabe, deine Mission zu finden, sie anzunehmen und deinen Weg darauf auszurichten. Es kann sein, dass du erkennst, dass du bereits auf dem Weg bist, vielleicht musst du dich auch neu ausrichten und kreative Lösungen finden. Das Wichtigste ist: Geh los, bleibe fokussiert und geh weiter!

6

Die innere Kriegerin zum Ausdruck bringen

Deinen Archetyp der inneren Kriegerin zu entdecken, zu spüren und zu erwecken sind die ersten Schritte. Doch bleibt sie theoretisch und fiktiv, wenn du ihr nicht einen konkreten Raum in deinem Leben gewährst, in der sie sich zum Ausdruck bringen darf. Prozesse der inneren Kriegerin können rein emotional oder mental ablaufen, jedoch ist das konkrete Handeln in der Welt die wahre Manifestation deiner Kriegerinnenpersönlichkeit.

Deine innere Kriegerin ist in dir erwacht, damit du jetzt beginnst, deinen Platz in der Welt einzunehmen, von wo aus du deine Standpunkte, Werte und Ziele deutlich nach außen hin vertrittst. Sie will sich nicht mehr verstecken, kleinhalten oder ihre Wunden versorgen, sie will wahrlich in die Welt geboren werden, um einen Unterschied in ihr zu machen. Sie will sich für das Leben, die Liebe, den Mut, den Schutz und die Wahrheit einsetzen. Kann sie das nicht, leidet sie, denn sie braucht ihre alltäglichen Herausforderungen, ihre Bühnen, auf denen sie ihre Stärken für die gute Sache einsetzen kann. Die innere Kriegerin in dir zum Ausdruck bringen zu wollen ist auch ein Ausdruck dafür, dass du wieder bereit bist, die Verantwortung für dich selbst und andere zu übernehmen. Sie ist besonders stark an deiner Seite, wenn du aufgrund der Weltgeschehnisse Hilflosigkeit und Ohnmacht spürst. Wenn du denkst, du schaffst es nicht, oder dich fragst, ob dieser Kampf es überhaupt wert ist, dann will dir deine innere Kriegerin beweisen, dass alles möglich ist, wenn du dir und deiner Intuition vertraust.

Das Credo der inneren Kriegerin lautet: „Ich gestalte mein Leben, meine Umwelt, die Welt so, wie sie zu mir passt." Das Gestalten ist daher ihre Möglichkeit, um sich ausdrücken zu können. Wie du bereits weißt, kämpft sie nicht um des Kampfes Willen, sondern handelt achtsam, aufrichtig, friedfertig und stolz. Sie zieht ihre Grenzen und richtet sie dynamisch und authentisch für sich aus. Mit den folgenden Methoden lernst du noch einmal mehr, deine innere Kriegerin wirklich zu fühlen, sie auszudrücken und selbst diese Kriegerin zu sein.

6.1 Ritual zur Heilung der inneren Kriegerin

Rituale sind Handlungen, die es erlauben, innere Prozesse zu versinnbildlichen. Durch sie können Dankbarkeit, Schmerz, Bitten, Freude etc. konkret ausgedrückt werden. Jede Handlung wird durch die eigene Intention, Gedanken und Ideen, Wünsche und Absichten genährt. Es ist eine energetische Arbeit, denn in einer rituellen Handlung überträgst du deine Energie auf den Ritualraum, die Ritualgegenstände und die Ritualhandlungen. Menschen aller Zeiten vollzogen Rituale, um Unterstützung und Struktur in ihrem Leben zu erfahren. Sie werden in einer ruhigen Atmosphäre nach einem festgelegten Ablauf durchgeführt. Dadurch wird ein Momentum kreiert, aller Fokus, Energien und Emotionen fließen in diesen magischen Moment. Rituale geben

Kraft durch ihre Struktur und Transparenz, denn es wird keine Energie benötigt, um sich auf eine spontane, neue Situation einzustellen, außer das Ritual wird zum ersten Mal durchgeführt. Es braucht bestimmt ein bisschen Zeit, bis die Abläufe klar sind, sich Körper und Geist darauf einstellen und ein Ritual so angepasst wurde, dass es perfekt zu dir und deiner inneren Kriegerin passt.

Du hast den wohltuenden Charakter eines Rituales sicher schon erlebt, wenn du dir z. B. täglich morgens einen warmen Tee gönnst, mit deiner Familie Jahreszeitenfeste feierst oder vor dem Schlafen ein paar Seiten in einem guten Buch liest. Es entsteht eine wahre Vorfreude auf das Ritual, denn du weißt, dass du dich in dieser Zeit vollkommen entspannen kannst. Rituale verbinden uns, geben uns Orientierung und Halt, auch in stressigen und schwierigen Zeiten.

In der Geschichte der Menschheit waren Rituale vor allem speziell dazu berufenen Menschen vorbehalten, wie z. B. Priestern oder Schamanen. Das zeigt auf, wie kraftvoll Rituale sein können. Und genau diese Kraft kannst du für dein ganz persönliches Ritual für die innere Kriegerin nutzen.

Um ein Ritual durchführen zu können, braucht es ein wenig Vorbereitung. Werde dir zunächst klar darüber, wann für dich die beste Zeit für ein Ritual wäre. Gerade die Morgen- und Abendstunden haben eine besonders positive, energetische Wirkung. Wann kannst du dir etwa eine halbe Stunde Zeit für dich alleine nehmen? Gibt es einen Ort in deinem Zuhause, den du dafür schön gestalten kannst? Bist du an diesem Ort ungestört und fühlst du dich dort wohl? Integriere an diesem Ort ein paar schöne Dinge, die dich zwar nicht zu sehr ablenken, aber einen angemessenen Rahmen vermitteln. Jedes Ritual darf eine ganz persönliche Note erhalten. Es steht dir also jederzeit frei, das vorgeschlagene Ritual ganz nach deinen Vorlieben und Wünschen so zu verändern, damit es sich stimmig anfühlt. Denn erst wenn du in einem Ritual loslassen kannst und wirklich ins Fühlen kommst, spürst du seine heilsame Wirkung.

Die meisten Rituale haben einen immer gleichen Anfang und ein gleiches Ende. Dadurch wird das Ritual energetisch eingerahmt und die Energie, die du während dieser Zeit kreierst, zusammengehalten. Nachdem du deinen Platz vorbereitet hast, könntest du dich z. B. durch eine kurze Atemübung oder durch ein Klangsignal auf das Ritual einstellen. Dies ist der Moment, in welchem du deinen Raum nicht mehr verlassen solltest, weil du etwas vergessen hast oder es an der Tür klingelt. Setze deine Prioritäten und bleibe präsent oder beginne zur Not noch einmal neu mit deiner inneren Ausrichtung. Zu Beginn deines Rituales öffnest du sozusagen einen heiligen Raum, welchen du zum Abschluss mit einer entsprechenden Handlung versiegelst. Du könntest dich z. B. bei dir selbst und deiner inneren Kriegerin bedanken.

Dieses nachfolgende Ritual soll dir dabei helfen, die Wunden deiner inneren Kriegerin in Heilung bringen zu können. Erst dann wird sie in ihre volle Kriegerinnenkraft kommen und ihre Führungsrolle einnehmen. Durch das Heilen ihrer Verwundungen kann sie ihre Intuition wieder besser spüren und dieser inneren Stimme folgen. Sie handelt selbstbestimmter im Leben und setzt sich für inneren und äußeren Frieden ein. Denn jetzt bist du aufgefordert, deine innere Kriegerin in dein Leben zu integrieren und für dich und deine wahren Werte einzusetzen. Dafür ist klar, dass du die Vergangenheit und die in ihr entstandenen Schmerzen loslassen musst, denn du brauchst deine Kraft, um für deine Ziele in der Zukunft losgehen zu können.

Vergebungsritual für die innere Kriegerin (nach Sandra Waldermann-Scherhak)

Bevor dieses Ritual für dich beginnt, solltest du dich gut erden, um stabil und standhaft den intensiven Energien, welche sich vielleicht freisetzen werden, begegnen zu können. Gehe achtsam und verantwortungsvoll mit diesem Ritual um und spüre immer genau in dich hinein, wie es dir damit geht. Stelle dich zunächst barfuß auf den Boden, deine Beine sind etwa hüftbreit geöffnet. Richte deinen Körper groß und stark aus, wie du es von einer Kriegerin erwarten würdest. Dein Brustkorb ist weit, deine Schultern ziehen nach hinten unten. Dein Blick richtet sich nach vorne aus, dein Kopf ist in einer Linie mit deiner Wirbelsäule.

Schließe sanft deine Augen und verbinde dich über deine Fußsohlen bewusst mit Mutter Erde. Du kannst dir vorstellen, wie Wurzeln in den Boden hineinwachsen und dir einen starken und kraftvollen Halt verleihen. In deinen Fußsohlen befinden sich Energiezentren, welche nun die dunkelrote Energie von Mutter Erde in sich aufnehmen und in alle Bereiche deines Körpers verteilen, bis hinein in jede einzelne Zelle. Diese Energie sollte sich für dich warm und nährend anfühlen. Dein Atem fließt vollkommen natürlich und frei.

Sobald du dich durch die Erdenergie gut genährt fühlst, kannst du deinen Atem vertiefen und bis in deinen Bauchraum hinein atmen. Dort sitzt dein Solarplexuschakra, welches mit der inneren Kriegerin verbunden ist. Visualisiere dir diese goldene Sonne in deinem Bauch, im Bereich zwischen dem Nabel und unterhalb der Brust.

Heiße nun deine innere Kriegerin willkommen und lade sie ein, sich zu zeigen. Spürst du ihre Präsenz? Wie sieht sie aus? Beobachte ihre Körperhaltung, Mimik und Gestik. Was fällt dir an ihr auf? Sieht sie dir in die Augen? Was sagt ihr Blick? Nimm all das wahr, ohne es zu diesem Zeitpunkt zu werten. Konzentriere dich nun darauf, ob du Verletzungen bei ihr erkennen kannst. Welche Wunden zeigt sie dir, die in ihrem Leben entstanden sind?

Triff eine Entscheidung, jetzt den Schutzschild und die Waffen niederzulegen. Deine innere Kriegerin braucht all diese Waffen nicht mehr, die vielleicht für bestimmte Worte, Taten, körperliche und seelische Gewalt eingesetzt wurden. Jetzt ist der Zeitpunkt gekommen, all die Waffen, mit denen du bereits gekämpft hast, niederzulegen und dich davon zu befreien. Kannst du nun erkennen, wie oft deine Kämpfe und Kriege unnötig waren und Schmerz und Leid verursacht haben, bei dir selbst und anderen? Dauerhafter Frieden kann so nicht entstehen, denn er setzt nur ein, wenn Vergebung stattfindet und die Wunden der Vergangenheit geheilt wurden. Dafür brauchst du keine Waffen mehr. Ab jetzt ist es deine Mission, dich für den Frieden einzusetzen, ohne dafür zu kämpfen, sondern indem du ihn mit der Welt teilst.

Die Wunden deiner inneren Kriegerin werden dir ihre Geschichten noch einmal aufzeigen. Wann wurden deine Grenzen von anderen übertreten? Wann hast du sie vielleicht selbst bei anderen missachtet? In welchen Situationen warst du Opfer, wann warst du Täterin? Bist du bereit, deine Wunden anzunehmen, weil sie zu deinem Leben gehören? Vielleicht kannst du verschiedene Szenen aus deinem Leben vor deinem inneren Auge sehen. Spüre, wie sich dein Körper dabei anfühlt. Welche Gefühle sind dabei involviert? Du hast jetzt die Chance, diese dadurch entstandenen Emotionen und Erfahrungen zu integrieren, indem du sie annimmst, so wie sie sich zeigen. Fühle noch einmal, was deine innere Kriegerin in diesen Situationen gefühlt hatte. Benenne, was gerade auftauchen möchte. Ist es Wut oder Angst? Spürst du Rachegelüste, Hass und Neid? Warst du enttäuscht und gedemütigt?

Lege dann eine Hand auf dein Herz und die andere auf deinen Solarplexus. Stelle dir vor, wie sich diese gelbe Energie der Sonne in deinem Bauch zu allen Seiten hin ausdehnt, dir Kraft und Energie spendet. Akzeptiere, was geschehen ist, nimm es an und stärke dich mit jeder Einatmung, um wieder in deine Kraft zurückzukommen. Bei der Ausatmung gibst du den alten Ballast über die Fußenergiezentren an Mutter Erde ab. Auch sie spendet dir bei deiner nächsten Einatmung zusätzliche Stärke.

Du kannst jetzt vielleicht erkennen, dass du deine Wunden dann heilen kannst, wenn du Angriff und Schutz aufgibst und deine Schattenthemen integrierst. Die innere Kriegerin möchte aus dem Herzen heraus agieren und sie kommt mit friedlicher Absicht. Sie kennt das Gesetz der Resonanz und weiß, dass sie sich vor Angriffen nur schützen kann, wenn sie kein Echo mehr in ihr erzeugen, dann verlaufen sie ins Leere. Die einzige Angriffsfläche, die sie besitzt, sind ihre ungelösten und nicht geheilten Themen. Unfrieden zieht Unfrieden an und dann bleibt die innere Kriegerin angreifbar. Der einzige Weg, aus dieser Verstrickung alter Geschichten herauszukommen, ist das Aussöhnen und Vergeben. Dies wird möglich, wenn Ablehnung und Widerstand aufgehoben werden können.

Sprich dann folgende Worte zu dir:

Ich bin jetzt bereit, alte Wunden, ob geistiger oder seelischer Art, in mir zu heilen. Ich bitte um Verzeihung und vergebe mir selbst, wenn ich anderen Menschen Wunden zugefügt habe. Ich übernehme die Verantwortung für meine Taten und spreche mich frei von meiner Schuld. Auch vergebe ich anderen, die mir Wunden zugefügt haben. Ich übernehme auch die Verantwortung dafür, dass ich Opfer gewesen bin und spreche mich frei von meiner Ohnmacht. Ich steige aus, aus diesen Täter-Opfer-Rollen und befreie mich und andere bewusst davon. Ich bin verantwortlich für meine Gedanken, Gefühle, Taten und Entscheidungen. Ich bin frei! Ich bin von Liebe erfüllt! Unendliche Kraft durchströmt meinen Körper zu jeder Zeit!

Vertiefe deinen Atem, um deinem Körper zu signalisieren, dass du in den jetzigen Moment zurückkehren möchtest. Erst wenn du bereit bist, kannst du die Augen langsam öffnen. Vielleicht magst du dich kurz hinlegen oder deine Erkenntnisse aufschreiben. Es folgt nun ein Prozess des Integrierens des Erfahrenen. Lass dir Zeit damit, die nächsten Tage und Wochen. Vielleicht kannst du schon bald beobachten, dass du in schwierigen Situationen mit mehr Mitgefühl, Verständnis, Sanftheit, Klarheit, Liebe und Frieden reagieren wirst.

Du kannst dieses Ritual öfter wiederholen, wenn du das Gefühl hast, dass noch Wunden vorhanden sind, die mit Angriffen von außen in Resonanz gehen. Wandle das Ritual entsprechend deiner Bedürfnisse ab, denn auch das ist die Energie der inneren Kriegerin, die für sich sorgt und die Dinge passend für sich macht.

6.2 Yogaübungen für die innere Kriegerin

Im Yoga gibt es eine Körperstellung (Asana) mit der Bezeichnung Virabradhasana, welche übersetzt Krieger oder Held bedeutet. Es gibt drei Variationen dieser Körperübung, welche du praktizieren kannst, um dich mit deiner inneren Kriegerin zu verbinden und im Hier und Jetzt in deiner vollen Präsenz zu sein. In der Yogaphilosophie geht es bei dieser Übung nicht um die Herausforderung eines körperlichen Kampfes, sondern die eines inneren, den spirituellen Kampf, den es zu meistern gilt.

Die Yoga-Kriegerpositionen sind kraftvolle Standhaltungen, in denen du die Energie deiner inneren Kriegerin besonders schön spüren kannst. Der gesamte Körper wird dabei aktiviert, vor allem die Muskulatur in deinen Füßen und Beinen. Gleichzeitig werden deine Hüften gedehnt und geöffnet. Diese Übung kannst du auch als Vorbereitung für dein Heilungsritual der inneren Kriegerin anwenden, da sie besonders erdend auf dein Energiesystem wirkt. Denn über die Fußenergiezentren und das Wurzelchakra, verortet am Steißbein, nimmst du die dunkelrote, kräftigende Energie von Mutter Erde in dich auf.

In der Kriegerposition erfährst du die Prinzipien der inneren Kriegerin von Stärke, Stabilität, Flexibilität und Leichtigkeit.

Du kannst durch das regelmäßige Üben dieser drei Asanas zu mehr Konzentrationsfähigkeit und Mut gelangen, was für deinen Fokus auf deine Ziele besonders wichtig ist. Dein Körper wird ganzheitlich gekräftigt, deine Ausdauer gestärkt und dein Durchhaltevermögen trainiert. Weil es nun um deine innere Kriegerin geht, werden die einzelnen Übungen auch als Kriegerinnen bezeichnet.

Bevor du Yoga übst, solltest du deine körperlichen Grenzen bereits kennen und im Zweifelsfall einen Arzt oder Heilpraktiker zu Rate ziehen, ob die nachfolgenden Körperübungen für dich geeignet sind. Auch ein ausgebildeter Yogalehrer kann dich dabei unterstützen, die Übungen korrekt auszuführen, um den wohltuenden Effekt optimal für dich nutzen zu können.

Das Üben dieser Stehhaltungen praktizierst du am besten auf einer rutschfesten Unterlage und in bequemer Kleidung. Vor Yogaübungen wird der Körper aufgewärmt, z. B. durch ein paar Runden Sonnengruß. Du solltest daher nicht in die Asanas gehen, wenn deine Muskeln noch kalt sind. Anleitungen zum Praktizieren des Sonnengrußes kannst du als Videos im Internet finden. Alternativ kannst du deine Muskulatur z. B. durch einen vorherigen Spaziergang, Seilspringen oder Tanzen aufwärmen.

Kriegerin 1

- Komme zunächst auf deiner Matte in den weiten Ausfallschritt. Drehe den hinteren Fuß um circa 45 Grad ein. Schiebe mit Kraft in die Fußaußenkante.

- Das vordere Bein ist in einem 90 Grad Winkel gebeugt. Achte darauf, dass das Knie deines vorderen Beines über dem Knöchel ausgerichtet bleibt.
- Richte nun die Hüfte bewusst parallel nach vorne aus. Dazu kannst du deine Handflächen an die Hüfte legen und somit überprüfen, ob deine Finger gerade nach vorne hinaus zeigen.
- Hebe deine Arme zueinander parallel nach oben über deinen Kopf. Die Handflächen zeigen zueinander.
- Finde Leichtigkeit im Oberkörper. Deine Arme sind lang nach oben ausgestreckt, doch deine Schultern sinken weg von den Ohren. Der Nacken ist lang.
- Dein Blick ist nach vorne gerichtet und fokussiert einen Punkt in der Ferne.
- Atme in dieser Haltung tief und ruhig ein und aus und spüre die Anmut und gleichzeitige Stärke der Kriegerin 1.

Kriegerin 2

- Aus der Position der Kriegerin 1 heraus öffnest du dich für die Kriegerin 2.
- Setze dafür deinen hinteren Fuß parallel zur hinteren kurzen Mattenkante auf und gib Druck in die Fußaußenkante.
- Nimm die Hüftöffnung in deiner hinteren Hüfte wahr.
- Dein vorderes Knie ist noch immer um 90 Grad gebeugt und genau über deinem Fußgelenk ausgerichtet, sodass du weiterhin deinen großen Zeh sehen kannst.
- Strecke jetzt deine Arme auf Schulterhöhe nach vorn und hinten aus, parallel zum Boden. Die Handflächen zeigen Richtung Boden.

- Lass dabei deine Schultern entspannt und spüre die Leichtigkeit im Oberkörper. Dein Oberkörper bleibt in den Körperseiten lang gestreckt.
- Dein Blick folgt über die vordere Hand und schaut damit in Richtung „Zukunft".

Kriegerin 3

- Nimm dir zwei Yogablöcke oder dicke Bücher zur Unterstützung, um deine Ausrichtung in der Kriegerin 3 zu verfeinern. Stelle sie vor dir in Schulterbreite auf.
- Strecke deine Hände nach unten und stütze sie auf den Blöcken ab, um deinen Oberkörper lang und parallel zum Boden auszurichten. Dein Nacken bleibt lang gestreckt.
- Gib jetzt Druck in das Standbein und strecke dein hinteres Bein parallel zum Boden hin aus, bis es auf Hüfthöhe ausgerichtet ist.
- Flexe den Fuß des ausgestreckten Beines. Das bedeutet, dass du die Zehen zu dir heranziehst und die Ferse von dir wegdrückst.
- Du kannst die Kriegerin 3 auch mit Unterstützung an einer Wand üben, um an deiner Ausrichtung zu arbeiten. Stelle dich dazu eine Beinlänge von einer Wand entfernt hin und bringe deinen Fuß auf Hüfthöhe gegen die Wand.
- Achte darauf, dass deine Hüfte auf einer Ebene bleibt. Lasse die Zehen deines Fußes an der Wand dafür wieder nach unten zeigen.
- Beginne nun, den Oberkörper anzuheben, bis dieser auf einer Ebene mit deinem Bein ist. Ziehe deinen Bauchnabel Richtung Wirbelsäule nach innen und oben. Strecke

die Arme dann nach vorne hinaus, um im oberen Rücken eine Rückbeuge zu kreieren.

Variation: Die friedvolle Kriegerin

- Eine Variante, welche aus der Kriegerin 2 entsteht, ist die friedvolle Kriegerin, die du in besonders aufgewühlten Zeiten praktizieren kannst, um wieder in deinen Frieden zu finden.
- In dieser Asana kannst du deine Flanken besonders schön dehnen. Die Muskulatur zwischen deinen Rippenbögen findet so wieder mehr Raum und du schaffst mehr Platz für deinen tiefen und bewussten Atem.
- Öffne hierzu aus der Kriegerin 2 heraus mit der nächsten Einatmung die Handfläche deiner vorderen Hand Richtung Decke und strecke den Arm diagonal über deinen Kopf nach hinten.
- Lasse deine hintere Hand auf deinen hinteren Oberschenkel absinken.
- Nimm hier einen oder mehrere tiefe Atemzüge in die Weite deiner Flanke.
- Achte darauf, dass die andere Körperseite nicht gestaucht wird, sondern dennoch ihren Raum behält. Die Wirbelsäule wird in jeder Einatmung aktiv lang gezogen.
- Komme mit der Ausatmung wieder zurück in die Kriegerin 2.

Schließe deine Yogaübungen mit einer Endentspannung ab, indem du dich auf den Rücken legst, Arme vom Körper weg, die Beine leicht geöffnet. Decke dich vorher zu, solltest du schnell auskühlen. Spüre in dieser Rückenlage noch einmal der Kriegerinnenpositionen nach. Wie fühlst du dich jetzt? Was hat sich in deinem Innenleben verändert? Wie spürst du deinen Körper? Kannst du die positive Energie deiner inneren Kriegerin in dieser Position nachvollziehen?

Du kannst die Wirkung der Yoga-Asanas durch eine achtsame Ausrichtung, Visualisierung und bewusster Atmung verstärken. Die positiven Effekte von Yoga stellen sich vor allem durch die regelmäßige Praxis ein. Nimm dir daher öfter Zeit, diese kleine Kriegerinneneinheit in deinen Alltag einzubauen.

6.3 Seelenreise zur inneren Kriegerin

In einer schamanischen Seelenreise hast du die Möglichkeit, direkten Kontakt mit deiner inneren Kriegerin aufzunehmen, da du sie im Seelengarten besuchen kannst. Der Seelengarten bezeichnet dein Unterbewusstsein, zu welchem du in einer schamanischen Trance Zugang erhalten kannst. Ein erfahrener Schamane kann sich für dich auf die Reise begeben, um Informationen von deinen Archetypen zu erhalten. Du kannst dich aber auch in einer entsprechenden Sitzung selbst hinführen lassen und dich in die sogenannte „untere Welt“ begeben.

Die Beschreibung einer möglichen Seelenreise hier kann eine Zusammenarbeit mit einem Schamanen nicht ersetzen. Du kannst aber in einem meditativen Zustand einen Zugang zu deinem Unterbewusstsein erlangen und mit deiner inneren Kriegerin sprechen. Solltest du Zweifel haben, wende dich bitte an eine schamanisch praktizierende Person, die dich dabei unterstützen kann.

Eine Seelenreise beginnt (ähnlich wie ein Ritual oder eine Meditation) mit einem bewussten Anfang, der bei jeder weiteren Reise dem gleichen Ablauf folgt. Schamanen begleiten ihre Seelenreisen gerne mit speziellen Räucherungen, um den Zugang zu den eigenen Emotionen zu erleichtern. Eine rhythmische Trommel begleitet die Reise, um den Zustand der Trance zu erreichen. Du kannst daher gerne vorher deinen Raum mit einer speziellen Kräutermischung räuchern, ätherische Öle verwenden, oder ein Räucherstäbchen anzünden. Als Begleitmusik möchtest du vielleicht eine schamanische Trommel wählen, eine andere für dich entspannende Musik oder einfach in Stille bleiben. Die Reise beginnt an einem für dich ruhigen und ungestörten Ort, an dem du auch Platz hast, dich bequem hinzulegen.

Vor Beginn der Reise setzt du dich zunächst in einen Meditationssitz deiner Wahl und schließt die Augen. Bekunde nun innerlich die Absicht, dass du mit deiner inneren Kriegerin in Kontakt treten möchtest.

Vor der eigentlichen Seelenreise sollte ein heiliger Raum eröffnet werden, in welchem du mit der räumlichen und zeitlichen Unendlichkeit verbunden sein kannst. Du kannst dir z. B. vorstellen, dass du von schützendem Licht umhüllt wirst. Du kannst visualisieren, wie du dich mit Mutter Erde und Vater Sonne verbindest. Du dehnst sozusagen dein Bewusstsein nach unten und nach oben hin aus. Anschließend richtest du die Aufmerksamkeit auf die vier Himmelsrichtungen. Du musst dabei nicht exakt wissen, wo sie genau liegen. Zum Schluss verbindest du dich mit den vier Elementen. Visualisiere dir hierfür ein energetisches Kreuz, dessen Kreuzungspunkt in deinem Herzen liegt. Eine Achse befindet sich zwischen dem Element Feuer (hinten, Rücken) und dem Element Erde (vorne, Brust), die zweite Achse erstreckt sich zwischen dem Element Wasser (links, Oberarm) und dem Element Luft (rechts, Oberarm). Durch die erschaffene Energiehülle und das Zusammentreffen der Elementeenergien sitzt du nun genau in der Mitte, sodass sich die Unendlichkeit öffnet und du die normale Raum-Zeit-Wahrnehmung verlässt. Als äußeren Schutzkreis kannst du noch eine Pflanze emporwachsen lassen. Stelle dir vor deinem inneren Auge vor, wie die Brennnessel einen schützenden Kreis um dich zieht und hochwächst. So bist du auch geschützt vor negativen Energien von außen.

Lege dich anschließend zurück auf deinen Rücken und entspanne. Stelle dir vor, wie du an einem wunderschönen Ort in der Natur bist. Es sollte ein wahrer Kraftort für dich sein, an dem du dich aufladen kannst. Vielleicht kennst du diesen Ort in deiner Realität bereits. Du kannst ihn dir aber auch so visualisieren, dass er perfekt für dich ist. Untersuche diesen Ort nach einem Eingang, der nach unten führt. Es kann ein Höhleneingang sein oder eine Baumwurzel, vielleicht auch eine Treppe oder ein Fahrstuhl. Begib dich hinein und schreite nach unten. Solltest du keine Bilder sehen, spürst du dich hinein in den Vorgang, nach unten zu gehen oder du zählst innerlich rückwärts von 10 bis 1.

Jetzt kannst du vielleicht eine Öffnung oder eine Tür wahrnehmen, die in deinen Seelengarten führt. Bevor du ihn betrittst, solltest du um eine Unterstützung bitten. Das kann ein Krafttier sein oder ein Geistführer. Warte erst einmal, was oder wer sich zeigen möchte und frage diese Person oder das Tier dreimal, ob sie dich unterstützen werden. Erst wenn du dich sicher fühlst, betrittst du deinen Seelengarten, mit deinem Geistführer oder Krafttier an deiner Seite. Sollte kein Schutzwesen auftauchen, betritt den Seelengarten bitte nicht. Du kannst eine Zeit warten und noch einmal nachfragen, ansonsten gehst du zurück nach oben an deinen Kraftort und lädst dich mit positiver Energie auf.

Bist du in deinem Seelengarten angelangt, formulierst du abermals die Bitte, dass du deiner inneren Kriegerin begegnen möchtest. Dein „Reiseleiter" wird dich zu ihr bringen. Betrachte deinen Seelengarten auf dem Weg zu ihr, wie er sich dir zeigt. Welche Landschaft kannst du erkennen? Welche Stimmung herrscht hier? Wenn du bei deiner inneren Kriegerin angekommen bist, frage sie dreimal, ob sie deine innere Kriegerin ist, damit du dir ganz sicher sein kannst. Betrachte sie, wie sie sich dir zeigt. Welchen Eindruck macht sie auf dich? Ist sie stark und schön? Wirkt sie schwach und verletzlich? Wichtig ist auf dieser Reise, herauszufinden, was sie braucht, um wirklich in ihre volle Kraft zu kommen. Frage sie direkt danach. Du kannst dich auch danach erkundigen, welche Mission ihr wichtig ist, wofür ihr Herz brennt. Vielleicht kann sie dir Hinweise für deinen weiteren Weg geben. Verbringe so viel Zeit mit ihr, bis du das Gefühl hast, alle Fragen gestellt zu haben. Sollte deine innere Kriegerin in einem schwachen Zustand sein und solltest du keine Antworten darüber erhalten, versicherst du ihr, dass du mit der Hilfe eines Schamanen noch einmal zurückkehren wirst. Bedanke dich bei ihr und lasse dich von deinem Krafttier oder Geistführer zurück zum Eingangstor deines Seelengartens bringen. Bedanke dich auch bei ihm, bevor du wieder nach oben zu deinem Kraftort gehst. Lade dich hier noch einmal mit positiver Energie auf, und wenn du bereit bist, kehrst du in die Alltagsrealität zurück.

Verweile noch ein wenig in der liegenden Position und bewege langsam deinen Körper, bis du wieder bewusst in deinem Raum angekommen bist.

Die Erinnerung an deine Seelenreise kann schnell verblassen, weswegen es gut ist, dir direkt danach Notizen zu machen. Hat dir deine innere Kriegerin vielleicht einen Auftrag gegeben, was du als Nächstes tun sollst? Dann ist es wichtig, diese Hinweise wirklich in die Tat umzusetzen. In den folgenden Tagen, vielleicht auch Wochen, kannst du spüren und beobachten, was sich für dich innerlich oder auch äußerlich geändert hat, seitdem du deiner inneren Kriegerin persönlich begegnet bist. Auf welche Weise bringst du deine innere Kriegerin jetzt nach außen, nachdem sie zu dir gesprochen hat? Jetzt ist es Zeit, konkret zu handeln und nötige Schritte zu gehen.

6.4 Meditation für das Solarplexuschakra

Das dritte Chakra in deinem Bauchraum ist direkt mit dem Archetypen der inneren Kriegerin verbunden. Sie will, dass du nach vorne gehst und dich für dein Wohl und das der anderen einsetzt. Dafür steht dir die Kraft aus deinem gelb leuchtenden Energiewirbel, dem Manipurachakra zur Verfügung. Dein Solarplexuschakra versprüht seine Energie im Bauchraum, weswegen eine tiefe und bewusste Bauchatmung, auch während der folgenden Meditation, sehr positiv auf dein Chakra wirkt. Du kannst diese Atemtechnik noch verbinden mit Visualisierungsübungen, welche dir helfen können, diesen inneren Raum zu weiten und deine Energie auszudehnen. Du kannst dir z. B. wieder die leuchtend gelbgoldene

Sonne in deinem Solarplexus vorstellen, welche sich nach allen Seiten hin ausdehnt.

Meditation ist für ein Chakra wie Balsam und stellt den natürlichen Energiefluss wieder her. Besonders harmonisierend ist diese verbindende Zeit der Innenschau, wenn du sie regelmäßig, am besten täglich durchführst. Wir sind es gewohnt, unseren Körper täglich zu pflegen, indem wir uns waschen, die Zähne putzen etc. Wenn man erst einmal gespürt hat, wie wohltuend auch die Pflege unserer Energiezentren ist, wird es zu einer Selbstverständlichkeit, dass wir auch unseren Chakren täglich Zeit widmen. Versuche also, als Geschenk an deine innere Kriegerin, dein Solarplexuschakra regelmäßig zu harmonisieren und zu stärken, indem du dort mithilfe der folgenden Meditation Energie hineingibst:

Wähle einen ruhigen Ort, an dem du ungestört für dich sein kannst. Stelle sicher, dass du warm bleibst und wähle deine Kleidung entsprechend. Auch eine wärmende Decke, die locker beim Meditieren über die Schultern gelegt wird, kann einem Auskühlen des Körpers entgegenwirken. Bequeme Kleidung, vor allem am Bauchbereich, hilft dir, ungestört deine tiefen Atemzüge nehmen zu können und den Bauchraum zu entspannen.

1. Beginne deine Meditation gerne mit einem Anfangsritual, z. B. einem Gong oder dem Entzünden einer Kerze. Sitze mit aufrechtem Rücken in deinem gewählten Meditationssitz und schließe die Augen.

2. Um dich mit deinem Solarplexuschakra zu verbinden, beginne tief durch die Nase einzuatmen und lasse die Luft

langsam in dich einströmen, bis sich dein Bauch wohlig nach außen wölbt. Beobachte diesen Atemzug und spüre, wie dein Körper den frischen Sauerstoff dankbar aufsaugt.

3. Lass die Luft genauso bewusst und achtsam wieder aus deinem Bauchraum entschwinden und spüre diesen klitzekleinen Moment der Atempause nach, bis der natürliche Impuls, den nächsten Atemzug nehmen zu wollen, von allein einsetzt.

4. Um deine Bauchbewegung noch besser spüren zu können, kannst du auch deine beiden Hände auf deinem Bauch platzieren und spüren, wie sich deine Finger bei jeder Einatmung auseinanderspreizen und bei der Ausatmung wieder berühren. Praktiziere, solange sich die tiefe Bauchatmung gut für dich anfühlt und du spürst, dass dein Körper sich zu entspannen beginnt. Du atmest nicht nur Luft, sondern auch Prana (kosmische Lebensenergie) ein, welches deine Chakren energetisch nährt.

5. Forciere den Atem nicht mehr und lasse ihn frei und natürlich fließen. Schenke diesem Wunder deine Aufmerksamkeit und beobachte ihn ein wenig. Aufkommende Gedanken dürfen kommen und weiterziehen.

6. Stelle dir vor deinem inneren Auge vor, wie zunächst dein erstes Chakra, das Wurzelchakra, dunkelrot zu leuchten beginnt. Am Ende deiner Wirbelsäule, deinem Steißbein, kannst du visualisieren, wie sich diese Energie weitet und nach allen Seiten hin ausdehnt.

7. Das kräftige Rot deines Wurzelchakras wandert nun über die Wirbelsäule (Sushumna Nadi) hoch zu deinem Sakralchakra, unterhalb des Nabels, und wird dort immer heller. In deinem Beckenraum stellst du dir eine leuchtend orangefarbene Energiekugel vor. Auch sie darfst du in deiner Vorstellung größer und stärker werden lassen. Dehne sie imaginär aus, sodass ihr Licht sogar deine Körpergrenzen durchdringt.

8. Spüre jetzt, wie diese Energie weiter nach oben in deinen Bauchraum steigen möchte und sich zu einer großen, warmen und starken Sonne formiert. Lasse deine innere Sonne in fröhlichem, hellem Gelb erstrahlen. Auch sie kannst du in deiner Vorstellung größer werden lassen. Dehne sie aus, soweit du es dir vorstellen kannst, vielleicht sogar bis hinaus in den Himmel, bis ins Universum. Verbinde dich hier mit deiner inneren Kriegerin und schicke ihr dieses leuchtende goldgelbe Licht, um sie zu stärken.

9. Spüre dieses Spiel der Farben und Energien in dir, bis du das Gefühl hast, deine Meditation beenden zu wollen oder dein Schlusssignal erklingt. Nimm dir die Zeit, um sanft in die Alltagsrealität zurückzukommen und bedanke dich bei dir selbst, dass du dir diese wichtige Zeit für deine Chakren genommen hast.

Auch Meditationen entfalten ihr volles Potential vor allem dann, wenn du sie regelmäßig übst. Wenn du genügend Zeit hast, kannst du sie z. B. nach deiner Yogapraxis einbauen. Allmählich wirst du immer geübter darin, deine feinstofflichen Energien wahrzunehmen und sie bewusst zu lenken, sodass du die kräftigende Wirkung für deine innere Kriegerin spüren kannst. Beobachte die subtilen Veränderungen in deinem Leben, notiere dir gegebenenfalls deine Erkenntnisse in deinem Tagebuch. So kannst du deine Entwicklung visualisieren und nachvollziehen.

7

Die innere Kriegerin wird gebraucht!

Eine gereifte Kriegerin führt nur noch kriegerische Schlachten in ihrem Inneren. Dort bekämpft sie vor allem Eigenschaften, die ihrer Mission entgegenstehen, wie z. B. Verantwortungslosigkeit, Zweifel, Faulheit und Mutlosigkeit. Sie meistert ihr Innenleben, um dadurch bereit zu sein, sich den Herausforderungen der Welt zu stellen. Die fortgeschrittene Kriegerin geht strategisch vor und vergeudet ihre Energie nicht für unsinnige Kämpfe. Vielmehr wählt sie Wege, kreative Kompromisse vorzuschlagen und wird dem Frieden immer den Vorrang geben. Da die moderne Welt sehr komplex und vielschichtig ist, weiß die Kriegerin, dass sie sich entsprechend schulen muss, um damit umgehen zu können. Sie sitzt nicht auf einem hohen Ross, sondern begegnet anderen Menschen auf Augenhöhe und versucht, für beide Parteien einen Gewinn zu erzielen. Die innere Kriegerin meldet sich, weil sie Ziele erreichen möchte, die der ganzen Gesellschaft dienen sollen.

Die innere Kriegerin wird daher so sehr gebraucht, weil es heutzutage viele „Gegner" gibt, die nicht im Sinne der Gesellschaft handeln, die Natur zerstören und die Gesundheit der Menschen aufs Spiel setzen. Sie stellt ihr eigenes Interesse hinten an, um das

Gemeinwohl zu schützen. Jede innere Kriegerin kann dafür ihr ganz persönliches Thema haben. Während sich die eine für den Tierschutz einsetzt, hilft eine andere bei der Erziehung der Kinder. Es gibt viele soziale Projekte, die nur deshalb Bestand haben können und wirklich einen Unterschied in der Welt machen, weil der Archetyp der inneren Kriegerin und des inneren Kriegers die Menschen dazu auffordern, sich für die Gerechtigkeit einzusetzen.

Mehr denn jemals zuvor wird die Kraft der inneren Kriegerin gebraucht, wenn die Welt wirklich eine Transformation zu einem höheren Bewusstsein erreichen will. Solange die Kriegerin in dir nicht erwacht und heranreift, haben andere Mächte ein leichtes Spiel, ohne Konsequenzen permanent Grenzen zu überschreiten. Es geht dabei nicht darum, riesengroße Visionen zu haben und in einem Hauruckverfahren die ganze Welt zu retten. Doch mit jeder erwachten inneren Kriegerin wird das weibliche Feld gestärkt und neue Netzwerke können sich bilden, die Heilung in die Welt bringen können. Jede Kriegerin wirkt in ihrem Umfeld und bringt sich mit ihren positiven Fähigkeiten und Talenten ein. Das Gute wird sich multiplizieren und einen Unterschied machen.

Wenn die Kriegerinnen und Krieger dieser Welt wieder in ihre Verantwortung kommen, Mut, Liebe und Mitgefühl die neuen Waffen der Menschheit sind, besteht die Chance, viele bestehende Schwierigkeiten gemeinsam anzugehen und eine wahrlich erleuchtete Gesellschaft zu werden. Die Veränderung beginnt jetzt und sie beginnt bei dir.

8

Schlusswort

Wie du im Laufe des Buches erfahren hast, geht es deiner inneren Kriegerin nicht darum, Kämpfe im Außen zu führen und als die Siegerin hervorzugehen. Sie entwickelt sich immer mehr zur Herzenskriegerin und will nicht jemanden beherrschen oder gar unterdrücken, weil sie stärker ist. Das Ziel der inneren Kriegerin ist, sich selbst zu meistern und den Weg zurück in ihr Herz zu finden. Immer mehr legt sie die äußeren Einflüsse und die ihres Egos ab. Auch ihre Waffen legt sie nieder, weil sie weiß, dass ihre innere Transformation ihrer Schatten das Ziel ist, um Angriffe erst gar nicht anzuziehen (Resonanzprinzip). Der Weg der inneren Kriegerin ist also ein innerer Weg. Ihre Außenwelt dient ihr als Spiegel dafür, wo sie im Inneren noch Kämpfe mit sich selbst austrägt. Sie geht konsequent den Weg der Eigen- und Nächstenliebe, welcher sie in die Eigenverantwortung zurückführt. Dann hat sie ihr Geschenk für die Welt gefunden und lebt ihre Mission zum eigenen Wohle und zum positiven Beitrag für die Gesellschaft.

So wird die wichtigste Frage der inneren Kriegerin immer sein: „Was will ich wirklich, aus tiefstem Herzen?“ Und dann geht sie los, bis sie ihr Ziel erreicht hat, denn dafür ist sie auf diese Erde gekommen.

9
Quellen

Appel, J. (2016). Wer wachsen will, braucht starke Wurzeln. GRÄFE UND UNZER Verlag GmbH.

Bolen, J. S. (1984). Goddesses in everywoman: Powerful archetypes in women's lives. HarperCollins Publishers.

Bolen, J. S. (1999). Die Göttinnen in jeder Frau: Eine neue Psychologie der Frau. Goldmann Verlag.

Brown, B. (2012). Daring greatly: How the courage to be vulnerable transforms the way we live, love, parent, and lead. Gotham Books.

Campbell, J. (1949). The hero with a thousand faces. Pantheon Books.

Estés, C. P. (1993). Die Wolfsfrau: Die Kraft der weiblichen Urinstinkte. Heyne Verlag.

Guggisberg, E. R. (2017). Die 9 Archetypen der Frau: Ein inspirierendes Werk zur Stärkung deiner Ressourcen. TWENTYSIX.

Hickman, L. (2013). Das Handbuch der Kriegerin des Lichts: Kraftvolle Inspiration für eine neue Weiblichkeit in Führung.

Jung, C. G. (1959). Archetypes and the collective unconscious. Princeton University Press.

Klippstein, N. (2020). Multidimensionale Metamorphose: Innere Heldenreise mit 16 Archetypen.

Lerner, H. (2002). The dance of anger: A woman's guide to changing the patterns of intimate relationships. HarperCollins Publishers.

Moore, R., & Gillette, D. (1990). King, warrior, magician, lover: Rediscovering the archetypes of the mature masculine. HarperSanFrancisco.

Pearson, C. S. (1991). Awakening the heroes within: Twelve archetypes to help us find ourselves and transform our world. Harper Elixir.

Pearson, C. S. (2019). Die 12 seelischen Archetypen: Der Schöpfer, Der Herrscher, Der Zerstörer, Der Suchende, Der Krieger, Der Narr, Der Magier, Der Gebende, Der Liebende, Der ... Der Unschuldige, Der Weise. Knaur MensSana eBook.

von Franz, M.-L. (1980). The psychological meaning of redemption motifs in fairytales. Inner City Books.

Waldermann-Scherhak, S. (2021). Rauhnacht-Rituale für Frauen - Eine spirituelle Bewusstseinsreise durch die zwölf Nächte. Schirner Verlag.

Woodman, M. (1982). Addiction to perfection: The still unravished bride: A psychological study. Inner City Books.

Printed in Poland
by Amazon Fulfillment
Poland Sp. z o.o., Wrocław

37602927R00081